创造顾客

"零售大王"
的创业逻辑与经营哲学

徐辰烨○著

团结出版社
UNITY PRESS

图书在版编目（CIP）数据

创造顾客："零售大王"的创业逻辑与经营哲学 /
徐辰烨著 . -- 北京 : 团结出版社 , 2024.3
ISBN 978-7-5234-0696-0

Ⅰ.①创… Ⅱ.①徐… Ⅲ.①日用电气器具—连锁商
店—企业管理—概况—中国 Ⅳ.① F721.8

中国国家版本馆 CIP 数据核字 (2024) 第 240616 号

出　　版：团结出版社
　　　　　（北京市东城区东皇城根南街84号　邮编：100006）
电　　话：（010）65228880　65244790
网　　址：http://www.tjpress.com
E-mail：zb65244790@vip.163.com
经　　销：全国新华书店
印　　装：三河市华东印刷有限公司

开　　本：145mm×210mm　　32开
印　　张：7.25
字　　数：220千字
版　　次：2024年3月第1版
印　　次：2024年3月第1次印刷

书　　号：978-7-5234-0696-0
定　　价：59.00元

为标杆企业立传塑魂

在我们一生中，总会遇到那么一个人，用自己的智慧之光、精神之光，点亮我们的人生之路。

我从事企业传记写作、出版 15 年，采访过几百位企业家，每次访谈我通常会问两个问题："你受谁的影响最大？哪本书令你受益匪浅？"

绝大多数企业家给出的答案，都是某个著名企业家或企业传记作品令他终身受益，改变命运。

商业改变世界，传记启迪人生。可以说，企业家都深受前辈企业家传记的影响，他们以偶像为标杆，完成自我认知、自我突破、自我进化，在对标中寻找坐标，在蜕变中加速成长。

人们常说，选择比努力更重要，而选择正确与否取决于认知。决定人生命运的关键选择就那么几次，大多数人不具备做出关键抉择的正确认知，然后要花很多年为当初的错误决定买单。对于创业者、管理者来说，阅读成功企业家传记是形成方法论、构建学习力、完成认知跃迁的最佳捷径，越早越好。

无论个人还是企业，不同的个体、组织有不同的基因和命运。对于个人来说，要有思想、灵魂，才能活得明白，获得成功。对于企业而言，要有愿景、使命、价值观，才能做大做强，基业长青。

世间万物，皆有"灵魂"。每个企业诞生时都有初心和梦想，但发展壮大以后就容易被忽视。

企业的灵魂人物是创始人，他给企业创造的最大财富是企业家精神。

管理的核心是管理愿景、使命、价值观，我们通常概括为企业文化。

有远见的企业家重视"灵魂"，其中效率最高、成本最低的方式是写作企业家传记和企业史。企业家传记可以重塑企业家精神，企业史可以提炼企业文化。以史为鉴，回顾和总结历史，是为了创造新的历史。

"立德、立功、立言"，这是儒家追求，也是人生大道。

在过去10余年间，我所创办的润商文化秉承"以史明道，以道润商"的使命，汇聚一大批专家学者、财经作家、媒体精英，专注于企业传记定制出版和传播服务，为标杆企业立传塑魂。我们为华润、招商局、通用技术、美的、阿里巴巴、用友、卓尔、光威等数十家著名企业提供企业史、企业家传记的创作与出版定制服务。我们还策划出版了全球商业史系列、世界财富家族系列、中国著名企业家传记系列等100多部具有影响力的图书作品，畅销中国（含港澳台地区）及日本、韩国等海外市场，堪称最了解中国本土企业实践和理论体系、精神文化的知识服务机构之一。

出于重塑企业家精神、构建商业文明的专业精神和时代使命，2019年初，润商文化与团结出版社、曙光书阁强强联手，共同启动中国标杆企业和优秀企业家的学术研究和出版工程。三年来，为了持续打造高标准、高品质的精品图书，我们邀请业内知名财经作家组建创作团队，进行专题研究和写作，陆续出版了任正非、段永平、马云、雷军、董明珠、王兴、王卫、杜国楹等著名企业家的20多部传记、经管类图书，面世以后深受读者欢迎，一版再版。

今后，我们将继续推出一大批代表新技术、新产业、新业态和新模式的标杆企业的传记作品，通过对创业、发展与转型路径的叙述、梳理与总结，为读者拆解企业家的成事密码，提供精神养分与奋斗能量。当然，我们还会聚焦更多优秀企业家，为企业家立言，为企业立命，为中国商业立标杆。

一直以来，我们致力于为有思想的企业提升价值，为有价值的企业传播思想。作为中国商业观察者、记录者、传播者，我们将聚焦于更多标杆企业、行业龙头、区域领导品牌、高成长型创新公司等有价值的企业，重塑企业家精神，传播企业品牌价值，推动中国商业进步。

通过对标杆企业和优秀企业家的研究创作和出版工程，我们意在为更多企业家、创业者、管理者提供前行的智慧和力量，为读者在喧嚣浮华的时代打开一扇希望之窗：

在这个美好时代，每个人都可以通过奋斗和努力，成为想成为的那个自己。

企业史作家、企业家传记策划人、主编

陈润

推 荐 序

把成功与失败进行淋漓尽致的总结

　　在总结任正非成功经验的时候，人们发现了这四句话：行万里路，读万卷书，与万人谈，做一件事。所谓的"与万人谈"，就是任正非阅读大量世界上成功企业的发展历史的书籍。他一有机会就与这些公司的董事长、总经理当面进行交流请教，并把这些成功的经验用于华为的运营，这就使得华为也成为一个成功的企业。

　　在过去的十余年间，润商文化长期致力于系统研究中外成功的企业家，汇集了一大批专业人士创作关于成功企业家的传记——著名企业家传记丛书。这是一件非常有意义的事情，这让"与万人谈"成为一件很容易的事。同时，这使得大家都能够从中了解到——这些企业家为什么成功？自己能从中学到什么？

　　因此，我觉得润商文化的这项工作是功德无量的。这些成功的企业家，就是中国经济史上一个个值得称颂的榜样。

湖北省统计局原副局长

民进中央特约研究员

叶青

序　言

2009 年年初，一切商谈均已妥当，百思买将彻底收购五星电器。而就在签订协议的前夕，汪建国来到了黄浦江畔，站在旁边的高楼上俯视着江水，心中思绪万千。这一站就是六个小时，他人生中少有如此纠结的时候。

面临抉择时的汪建国一向非常有魄力。他在而立之年放弃了机关的"铁饭碗"，进入国企追求自己的商业梦；不惑之年时带领自己所管理的国企实现改制，五星电器就此诞生。十年间，作为掌门人的汪建国带着五星电器一路过关斩将，成为中国家电零售行业的第三名。汪建国践行着"人生不断超越"的原则，一路过关斩将，走到了今天。但此刻，面对自己一手辛苦建立的五星电器，他还是一改以往的果决干练，陷入了纠结当中。

不过，从事家电零售十余年的经验让他相信自己对于行业局势的判断没有错。最终，理性占据了上风，五星电器卖给了百思买。

卖掉五星电器时他已经 49 岁。人们对于他的去向有着各种各样的猜测：有人觉得他将就此远离商业江湖，拿着前半生积累的财富做一个快乐的富家翁；也有人觉得他会走向幕后，成为一个投资者。

但经常不按常理出牌的汪建国再次另辟蹊径，出乎人的意料。他亲自披挂上阵，第二次成为一名创业者，从零开始，带着团队创办了孩子王、汇通达、好享家等众多公司。经过几年的发展，这些公司亮眼的成绩让他获得了“独角兽训练师”的美誉。2021年和2022年，孩子王和汇通达相继上市。此时的他坐拥两家上市公司，而故事仍在继续。

汪建国也是一个当之无愧的“多面手”，做什么都能够得心应手，“干啥啥成”。在机关时如此，从事家电零售时如此，创办孩子王、汇通达和好享家时也如此，甚至当投资人都能够准确地找到“潜力股”。正是“干啥啥成”的特殊能力让他取得了今天的成就。

从一个农村普通少年到身家230亿元的创业者和投资人，汪建国凭借着深入的思考和超前的眼光，提出一个个行之有效的商业理念，这让他在几十年间不断创造着奇迹。当个体的命运与时代的大势交叠时，往往能发生奇妙的“化学反应”。从这个角度来看，汪建国绝对是一个合格的“实验者”，向世人揭示出了其中的化学反应如何发生，又有何影响。

理解商业，理解时代，也理解个体与商业、时代的关系，这正是汪建国的经历给我们带来的启发，也是在今天认真了解这个“一生的创业者”的意义所在。

目　录

第七章　汇通达的下沉电商之路

第八章　二次创业的汪建国

第九章　汪建国的创业人生

附　录

第一章

体制内走出的弄潮儿

　　敏锐的汪建国知道，中国改革开放的春天要来了。于是他不顾多方劝阻，毅然从政界投身到商界中，做了一回"赶春人"。当然，从他后续的经历来看，他赶上的春天，不止这一个。

楔子

深夜时分，在崎岖不平的农村小路上，一位母亲拿着一碗饭朝着家的方向走去，脚步匆忙。干农活需要大量的体力，从白天一直忙到深夜，她早已精疲力竭。

此时正是江南地区收水稻的季节，需要大量的人力，生产队不得不召集人手，晚上开工。其中有个报酬令母亲非常心动：晚上干活的人可以从生产队里分上一碗饭。

在二十世纪六七十年代的中国农村，像这位母亲一样的农民大有人在。在那个物质极度匮乏的年代里，人们想方设法地"与天斗，与人斗"，在恶劣的环境里挣扎着，以求自己和家人能够存活下来。温饱小康自是不敢奢望，勉强活下来就好。

在当今社会，晚上加餐被赋予了一个颇为浪漫的名字：夜宵。这个词字面上指的是在三餐之外，晚上再加一餐，而背后则有着放松和休闲的意味，仿佛是在白天忙碌后的一种休息。

但在那个温饱都不能满足的年代里，这顿加餐却毫无浪漫可言，反而带着生活的凝重和苦涩。五个孩子在家里强撑着困意，就在等着这碗饭。比起平素吃稀汤寡水的大麦粥和偶尔充饥时吃的红薯、芋头，这一碗饭让孩子们盼望不已。这也是这位母亲强忍饥饿和疲劳，将饭带回家里的原因。想到饥饿的孩子，她不自觉地加快了脚步。

回到家里，母亲在五个孩子期盼的眼神下开火做饭。将米饭倒入锅里，再放一点油，香味顿时溢散开来。她自己舍不得吃，将饭给孩子全分了。

这家的老二是个男孩，平时非常懂事，学习也很刻苦。此时的他心怀理想，希望长大后成为一名工人。站在今天来看，他一生干过不少事情，但似乎并没有做过工人。他当过农民，当过老师，当过政府官员，当过企业的老总，也亲手打造了一个驰名全国的"家电帝国"；最后又从零开始创业，迄今已孵化出两家上市独角兽公司。

他就是汪建国。

同那个时代的许多人一样，他生于物资匮乏的年代，长于动乱的年代；青年时他见证了国家历史轨迹的转变，在高考恢复后他继续接受教育；毕业后赶上了改革开放，他成了改革的"先锋队员"；成年时期正值中国市场化不断发展，综合国力日益增强，伴随腾飞的中国一起，他描绘出了自己的商业版图。同那个时代的众多人一样，伴随着中国的腾飞，他不经意间响名历史与时代的选择，在中国的商圈里乘风破浪弄大潮。多年后，他被人戏称为"独角兽之王"。

不过此时的他，还是一个在金坛农村里吃不饱、穿不暖，也不知道未来在何方的普通小孩。

忍饥挨饿的童年

1960 年，汪建国出生于江苏省苏州市。在三岁的时候，他随家里人一起搬迁到江苏常州治下的金坛县。

搬迁的原因和母亲有很大关系。

1958 年开始，违背经济规律的"大跃进"给中国的农业和工业带来了严重的损失。而大面积自然灾害进一步加剧了农业损失，导致从 1959 年到 1961 年中国出现了"三年困难时期"。

一边是工农业产值迅速下滑，一边是大量农村人口涌入城市。1960 年，中共中央提出了"大办农业、大办粮食"的方针，动员知识青年下乡的方案提上了日程；1962 年年初，中共中央又决定压缩 2000 万城镇人口，这直接导致城镇知识青年的大规模下乡。

彼时汪建国的母亲正在苏州市轻工电机厂当团委书记，身为国家干部，对于国家的号召当然要积极响应。于是，她带着孩子们搬到了金坛县的乡村里。正因此，汪建国生在苏州，童年却基本在金坛县度过。此时他的口音，仍然混着苏州和金坛两个地方的腔调。

汪建国身上也有商人的血统。他的祖籍是浙江上虞，中华人民共和国成立前祖父做着贩卖大米的营生。他的父亲同样是商人出身，13 岁就离家经商，中华人民共和国成立后进入国家机关，在粮食系统部门工作。所以汪建国从小耳濡目染，对经商了解不少。

江南地区自古人才辈出。汪建国生长的金坛县也不例外，从古至今出了不少名人，享誉世界的数学大师华罗庚就是此地人。值得一提的是，被称为"近代商业之父"的盛宣怀出生于武进县，此地和金坛一样，在行政区划上属于常州市。

童年的汪建国和其他孩子一样，在忍饥挨饿中长大，温饱都无法解决。

上小学时，汪建国连一双像样的鞋都没有，一年到头穿着用芦苇编的草鞋。夏天天气热，尚能勉强对付，但冬天的江苏天气寒冷，草鞋不能御寒，汪建国的脚上长了许多冻疮。冻疮未破时皮肤瘙痒难耐，破溃后则变成了疼痛。汪建国常常因为脚上的疼痛，在夜里辗转反侧无法入眠。

饥饿同样难以忍受，甚至到了"饥不择食"的地步。当时的农村有个优惠政策，可以用一斤好大米换六斤比较差的大米。这种大米不但口感很差，里面更是混了很多沙子。将这种米团成饼状，就成了当地人口中的"团子"。有时候饿得不行了，汪建国能吃十多个"团子"，将粗粝的大米混着沙子一同咽下去。

上初中后，汪建国开始了住校生活。当时家里的粮食也非常紧张，只能每周给他准备一袋大米和一瓶咸菜当口粮，对一个正在长身体的小伙子来说远远不够。汪建国在家里排行老二，上面有一个姐姐，因此他也算是家里的长子。为了让家里人能吃得好些，他经常省吃俭用，将半袋米换成山芋。

汪建国有时分不清叔叔与伯伯的年纪，不知如何称呼，他爸爸就告诉他，见到农民要喊伯伯，而见到工人要喊叔叔。因为农民让人们有饭吃，工人让人们有衣服穿，从次序上来看，吃饭比穿衣更重要。

这两种称呼的背后其实也是汪建国的两个理想。对于当时的他，能够吃饱饭简直是"做梦都能笑醒"的事情；而当一个工人，则是当时他给自己的规划——这是他唯一能想到的摆脱贫穷、吃饱穿暖，乃至于骑着自行车上下班的办法。

相比于物质上的匮乏，精神上的打击同样给童年时期的汪建国留下了不小的阴影。

在汪建国六岁时，中国进入了动荡混乱的时期。因为他家是从城里搬来的，而且此前他父母还有着不错的收入，所以他家的条件相比于周围的村民还算不错，有三间瓦房，而周围的村民则是清一色的草房子。这让他家被当作"地主反革命"，成了那时村里批斗的对象。

批斗最严重的时候，家里的瓦房上贴满了"打倒某某某"的大字报，"某某某"正是他外婆的名字。而家里人也不敢把这些触目惊心的大字报撕下来，因为这很可能招致一场对外婆的批斗。

晚上，汪建国的外婆被拉到批斗大会上，双手反绑，低着头，戴着一顶高高的帽子，接受村民的批斗。汪建国的父亲在苏州工作，母亲就带着其他亲戚到批斗大会上去陪斗。当时的汪建国有一个八岁的姐姐和一个四岁的妹妹。母亲担心孩子受到伤害，就把他们锁在家里。

俗话说"农村的孩子早当家"。当时的汪建国虽然只有六岁，但对家里的情况已经有一些明白了。看着满墙的大字报，想着母亲陪着外婆在批斗大会上，这让他和姐姐与妹妹陷入深深的恐惧，也成了他童年时的梦魇。

动乱持续了十年，相关的事情不断影响着汪建国，提醒着他：艰难的日子远远没有过去。在那个看重出身的年代，汪建国"不好"的家庭成分如同一顶隐形的帽子，让他在村子里成了被疏远乃至被欺负的对象，甚至差点让他没能顺利读上高中。

这段童年阴影对汪建国的性格有着很大影响。长期被同龄人排挤让他变得有一点内向，不愿意同人打交道。更重要的是，让他在小小的年纪有了一种远超年龄的倔强，更准确地说，是一股不服输的精神——你们说我不好，我偏要用自己的优秀证明给你们看。这也让他的成绩始终名列前茅，为之后人生的转折埋下了伏笔。

童年的逆境成了汪建国人生当中一块重要的奠基石，教会了他如何在逆境中存活，培养了他不服输的意志，而这些都是创业者的必备素养。汪建国在此时磨炼出的顽强生命力成了日后他战胜艰难险阻的重要资本，让他能百折不挠，愈挫愈勇。

多年后，汪建国回望这段历史，不禁感慨道："是农民养育了我，是农村启蒙了我。"这不仅是说他在农村成功将"汇通达"这只独角兽孵化上市，更深层的意思是有感于农村对他的重要影响。

"三岁看大，七岁看老"，这句话既有些宿命论的腔调，也带着本质主义的色彩。但不可否认的是，童年的种种经历对他产生了至关重要的影响，影响了他的人生选择，影响了他的创业……也一直影响着今天的汪建国。

知识改变命运

在汪建国的青年时代，有两件事情是他的人生重要转折，并且都与知识有关。他切身感受到"知识改变命运"这句话在任何时代都是不容置疑的真理。

汪建国的小学时光是在农村度过的。村里只有一所小学，共有两间教室，五个年级。一年级和五年级在一间教室，剩下三个年级在另一间。老师给一年级同学上课时，五年级的同学做功课。就在这样的环境里他上完了小学。

汪建国读初中时还算顺利，但从初中升高中却遇到了麻烦。彼时想要上高中，必须考虑家庭成分问题，贫下中农优先。但汪建国的家庭属于富农阶层，按道理无法上高中，没有高中文凭遑论上大学。

汪建国深知自己的情况，也深知继续读高中的重要性。他并不甘于继续种田的生活，而教育是他改变命运必不可少的条件。从小学开始，他就一直努力学习，家庭的拖累让他只能依靠自己。而优秀的学习表现在从初中升高中的过程中帮到了他。

他找出了从小学到初中每一年的"三好学生"奖状，拿给了学校的负责人，恳请学校可以让他继续读高中。随后经过村里大队的讨论，由支部书记推荐，他最终被高中录取。他如愿以偿地继续读了下去。

当时的汪建国并没有想到1977年中国恢复了高考，正因为他读了高中，才顺利参加了高考。但当时准备高考时，家里穷得连草稿纸都没有。只能跑到生产队，将队里《新华日报》上的空白处剪下来，再用订书机装订好，勉强做成了草稿纸。

但更大的挑战还在后面，虽然幸运地赶上了恢复高考，但他却经历过两次落榜。

1977年，恢复高考的第一年，汪建国就参加了高考。当时的流程是先填写志愿，后出分数，而志愿则是由老师填写。汪建国在高中时的优秀表现给老师们留下了很好的印象，也让他们有了很高的期望。于是几个志愿全部填了分数要求很高的学校，最差的一个志愿都是江苏师范学院。而江苏师范学院正是1982年复名的苏州大学。

这一年的高考汇集了从1966年到1977年共12届的学生，政策也允许部分优秀的1978届学生考试，相当于13届考生同台竞争。而且由于是第一年恢复高考，计划招生数也并不高。最后导致高考的录取率仅为4.8%，成为中国高考史上录取率最低、竞争最激烈的一次。

汪建国虽然在高考中发挥得不错，但并未达到所填志愿的录取分数线，于是在第一次高考中落榜了。当时想走出农村不外乎两条出路，一是当兵，二是高考。由于第一年表现还不错，他决定次年二战。

1978年，命运又和汪建国开了一个玩笑。这一次汪建国仍没有被录取，可是有些分数比他低的考生却被录取了。第二次落榜对汪建国的打击更为沉重，无奈之下他只能继续回家务农。

好在天无绝人之路，1978年的一天，汪建国的人生出现了转机。这一天，他正在茅山脚下当开河工人，远处一位老师骑着车子向工地而来。来到工地后，老师指名道姓地要见汪建国。

当时的汪建国正在挖泥，浑身上下沾满了污泥。听到有人叫自己，他赶紧扔下工具跑了过去。这时才知道，由于当时参加高考的人越来越多，高中的数学老师都去辅导高三，甚至有的老师自己也去参加高考，导致高一高二的学生没人教。而他在1977年高考中数学成绩优秀，得到了当地高中的肯定，想让他去做数学老师。

听到消息的汪建国眼泪一下子流了出来。比起面朝黄土背朝天的农活，教师这个职业让他看到了改变命运的可能。就这样，汪建国当了近两年的高中数学老师。

1979 年，他三度参加高考。经过两次失败的经历，这一次他谨慎了许多，选择了江苏省扬州商业学校这一中专院校。总算功夫不负有心人，这一次他如愿以偿地考上了，进入江苏省扬州商业学校物价格班就读。这也成了他青年时代的第二次转机。

由于此前高中教师和民兵队长的经历，同时也受成长环境的影响，在同班同学中他显得格外成熟，成了班长。两年多的学习让他学会了商业中的一些基础知识，也唤醒了从祖父到父亲传承下来、一直刻在他血脉中的商业基因。

当时，江苏省扬州商业学校负责江苏省商业厅的人才供给。1981年商业厅有 6 个指标，表现优异的汪建国成为其中之一，进入当时旁人艳羡不已的商业厅工作。

当然，求学时的影响远不止这些。汪建国身上有着两个明显的特征：第一，言谈儒雅，谦逊有礼，带着一股子"书生气"，这与他接受的教育相关；第二，也是更为重要的，和那个年代的许多人一样，他始终带着对知识的"饥饿感"。

二十世纪六七十年代的匮乏不仅是物质上的，更是精神上的。彼时的汪建国渴求知识却因现实环境屡屡碰壁，好不容易才依靠知识改变了命运。他知道知识来之不易，也深感其重要价值。

此后的他怀着这份"饥饿感"继续在顶尖学府深造，继续攻读了"EMBA 项目"。更重要的是，多年来他一直保持着终身学习的理念。时至今日，他还每天至少进行一小时的学习，早晨没时间就放在晚上，没有特殊情况总是要完成这一任务。而在他的公开讲话里，组织领导者的学习能力、更新能力等也是常常出现的话题。

从机关"下海"，汪建国的"飞跃"

1981 年，从江苏省扬州商业学校毕业的汪建国以其优秀的表现被江苏省商业厅招走，端上了公家的"铁饭碗"。有钱拿、有肉吃、有衣穿，童年与青年时期的物质匮乏生活自此一去不返。

在计划经济体制的年代，江苏省商业厅是管理江苏省计划经济的最高机构，夸张地说，商业厅掌握着一定的"生杀予夺"的大权，算是政府部门中相当"体面"的工作。而汪建国又恰好负责价格管理方面的工作，一方面要给上游的生产企业所生产出的产品进行合理定价，另一方面要确定下游的零售价格。

1981 年，离 1978 年党的十一届三中全会已过去了两年多的时间。在这两年多的时间里，改革的春风已经逐渐吹拂过中国的大地，修复着十年动荡给这个国家留下的伤疤。

刚刚入职的汪建国同样卷入这场风潮当中。入职半年左右，他就参加了省农村体制改革的试点工作，成为"省委工作组"中的一员，负责江宁地区农村体制改革。二十岁刚出头的汪建国怀着满腔热情投入到了这项工作中，和当时中国众多负责试点工作的人一样，成了探索中国特色社会主义道路的"先锋"。而江宁县，就是年轻的汪建国大展身手的第一站。

他在此后的三年时间里，用自己的努力治愈江宁县因动乱而留下的创伤，也为江苏其他地区的改革提供一手的、新鲜的经验。不过，当时的汪建国根本不可能想到，江宁县最终会变成南京的一个区，在三十年后成为他一手创办的母婴品牌孩子王"攻占"的前几个地方之一，这里将随处可见"孩子王"的印记。

在江宁县，汪建国主要负责三个工作：将人民公社改为乡政府、把供销社恢复为集体所有制、在基层政府成立农工商联合体。"省委工作组"一共八个人，由江苏省商业厅、省农委、省供销社、省委办公厅和省粮食厅等部门分别派员组成，而作为年轻人的汪建国自然就深入一线，执行改革的具体工作。

1986 年，汪建国再次接到了外派的任务，赴盐城市下辖的滨海县挂职商业局副局长，分管农产品收购以及集体商业方面的工作。从江宁县到滨海县，这几年的工作都和他的老本行——商业有着直接的关联。汪建国将学校所学的知识和生动的基层实践相结合，做出了一番成就，也开始发现商业中的乐趣。

正是在这段时间，他开始对中国广大农村地区的风貌有了深入了解，也开始对农村地区的商业逻辑有了自己的思考。十多年后的五星电器，二十年后的汇通达，它们的成功都与汪建国在此时培养的关于农村的认识有着密不可分的关系。

1988 年，汪建国离开了挂职两年的滨海县，"回来以后就不安分了"。距离十一届三中全会已经过去了近十年，中国经历了翻天覆地的变化，在时代的变动中，汪建国嗅到了机遇。前几年两次外放的经历让他对自己更加有信心，从祖父到父亲一直传承下来的商业基因逐渐被唤醒，他突然发现做生意的乐趣所在。一粒种子萌发了，汪建国的心痒痒的。

经过仔细斟酌后，汪建国最终下定决心，比起在机关工作，去企业做生意，才是他真正想要的。于是他主动和领导提出要去企业工作。

这个想法一经提出就遭到了周围人的劝阻。"学而优则仕"的观念早已根深蒂固地刻在中国人的血脉之中，今天尚且有"宇宙的尽头是公务员"的说法，何况在那个刚刚开放的年代里。彼时想从企业回到机关，要颇费一番周折，但是从机关到企业则要容易很多，因此不少人都说汪建国真"傻"。

况且当时年轻又有才干的汪建国颇受组织的赏识。在当时，经过十年动荡的折磨，培养年轻干部、维护科层化的官僚体制以至于维持国家机器的运转，是一项非常重要的工作。在那个人才稀缺、千里马难求的年代，表现出色的汪建国入选了"333工程"，被当作后备干部来培养。

无论从哪个角度来看，当时的汪建国在机关都有着让不少人羡慕的未来：要学历有学历，要阅历有阅历，做过农村改革的"排头兵"，也有过基层锻炼的宝贵经验，最后还得到了组织的赏识。此时的汪建国可谓是诸多"光环"加身。但他却坚持要离开机关，去企业任职，这显得有些"不知好歹"。

无论过去还是现在，汪建国总带着一股"书卷气"，待人接物温温和和，言谈举止温文尔雅。但是这种书卷气也有"顽固"的一面。汪建国骨子里非常执拗，很像中国古代的士大夫，外圆内方、绵里藏针。这也在他后来的人生经历中不断得到体现。

虽然多方劝阻，他仍然坚持自己的选择：要做生意，不要当官。究竟在何种情形下确定了自己的决定，汪建国并未在公开场合里明确表示。不过无论是"百般纠结"还是"轻轻一笑"，他最终还是离开了机关，进入了国企中。

在汪建国的坚持下，领导最终勉强同意了他的请求。1991年，他得到了领导明确的批复。一纸调令，让他从江苏省商业厅调到了国企江苏省五交化公司，担任总经理助理一职。这一年，汪建国31岁，他的人生也将就此踏上另外一条截然不同的路。可能也正是这次经历给汪建国的人生奠定了某种"基调"：生命在于不断折腾，人生在于不断超越。

如果说1992年前的中国国企还像是政府机构的延伸，那么随着1992年邓小平"南方谈话"和国企改制，中国的国企将前所未有地向市场逻辑靠拢。刚刚调任到五交化的汪建国当然不会预料到，自己的商业生命将随着中国进一步的改革开放而焕发生机，而他自己在多年以后也会被打上一个有些开山鼻祖意味的标签："九二派"。

十年机关生涯，只是"囚笼"？

从 1981 年到 1991 年，汪建国在机关度过了十年的时间。从长度上来看，这是一般人七分之一到九分之一的寿命。更重要的是，这十年是人生非常重要的"黄金十年"，其影响在人的一生中不可估量。

在公开的资料里，汪建国在这十年间究竟经历了什么并不详细。一方面，在互联网尚未普及时，资料的留存总是要困难许多；另一方面，比起关心那个在机关里工作的小官经历了些什么，此时的人们似乎更想知道"独角兽之王"是如何搭建起了他的商业帝国。于是，汪建国的"黄金十年"往往被人一笔带过。

有些报道将机关的生活形容为汪建国的"囚笼"，而他努力从机关到体制内则被说成是"冲出囚笼"的尝试。的确，从后来的结果看，汪建国的商业禀赋在离开机关后得到了最大限度地释放，也成就了此刻的他。但是这十年的经历也绝非"囚笼"这么简单，从有限的公开资料和他后来的行动看，这十年对他产生了难以估量的影响。

在接受采访时，汪建国经常提到一个人：李授章。他是彼时江苏省农委副主任，也是汪建国参加农村体制改革工作时所属小组的组长，有着农学院研究生的高学历。在一次开会时，李授章做了两个多小时的报告，但汪建国却惊奇地发现他全程没有看稿子，而且在报告中还提到了几百个数据。后来一个领导让汪建国核实一下这些数据的真实性，他惊奇地发现，除了一些细微的差距之外，其余的数字都是准确的，准确率高达百分之九十。

李授章还让汪建国给自己写一个发言稿。汪建国按照他的提示，熬夜写成了12页稿纸的发言稿。修修补补过后颇为满意，交给了李授章。但是李授章却用红笔在稿子上大刀阔斧地进行了修改，留下的文字只剩下不到一页。

这个经历让汪建国印象深刻，当时他还有些委屈，但事后逐渐明白，这是李授章看好自己，有意锻炼自己的写作能力。对于讲话不怎么用发言稿的人来说，这个"多此一举"的做法实际上是对汪建国的有意栽培。

这段经历对于汪建国的影响可谓重大。此后汪建国常常自己写发言稿，发言时也尽量保证脱稿。当其他人磕磕绊绊地念稿子时，他却能从容淡定地抬头面对眼前的观众侃侃而谈。

汪建国的发言颇有"机关"色彩。首先，他的发言逻辑清晰，而且常常是以"第一、第二"的方式组织起来的。其次，发言的段落也基本以总分的结构组成。先用一句话表明整段中心，提纲挈领，再以案例、数据或是别的论据支撑起自己的观点。

除此之外，他发言时的语句也具有明显"体制内"的特征。2021年上半年五星控股销售收入同比增长50%，超额完成年初"2135"的目标。汪建国勉励员工，"没有成功，只有成长"，并且号召大家保证"两个务必"：务必保持谦虚、谨慎、不骄、不躁的作风；务必保持艰苦奋斗的作风。

其中，无论是"2135"目标，"没有成功，只有成长"的口号，还是"两个务必"，都有着浓厚的体制内色彩。这种用语方式汪建国一直延续到现在。

此外，他在机关里还培养了做剪报的学习习惯。他曾展示过几个厚厚的大本子，上面都是杂志和报纸上的重要文章，供自己在有需要时查阅。这些简报上的内容让他无论在商业厅还是在乡镇里，都能时刻保持着一种宏观的眼光和敏锐的洞察，看清那个时代和那个时代发生的事情，并且能进行有条理的分析。

高瓴资本合伙人曹伟在接受采访时曾提到，他对汪建国的笔记印象非常深刻。汪建国有数十本工作笔记和读书笔记，这些笔记一页纸分三栏：第一栏写讨论的主要观点；第二栏写自己的评价；第三栏写解决问题的思路。

在机关这段时间，汪建国保持着旺盛的求知欲，通过做剪报、做笔记和其他一些方式，不断吸收各种知识。这既是他本人从小到大的教育带来的，更是那个时代造就的。

后来的汪建国一直抱有"终身学习"的态度，从江苏省委机关业余大学，到南京大学，再到新加坡澳洲合办的 EMBA 课程、东南大学的 MBA 课程，以及后来的长江商学院。他在此后的人生里不断弥补着年轻时导致的知识匮乏，"充实自己"的信念让他一直没有停止学习。即便他现在这么忙，每天也要拿出一个小时学习，以免被时代甩在后面。

这让他在不断发生剧烈变化的中国商业界里始终保有"年轻的心"，从彼时的民营企业崛起到此刻的数字化转型，他紧紧地抓住了每一个时代的机遇。而机关里的十年经历，正是汪建国这份求知欲的养成时期。

当然，机关工作的经历也让汪建国无意间触碰到商业界里面一个恒久的、也是复杂的命题：政商关系。在历史的各个时代，在现今的各个国家，这个命题一直非常重要，而在中国尤甚。汪建国成长之地常州，同在那里出生的盛宣怀[1]的经历足以说明这一点。

在深入机关的十年里，他对政治有了相较一般企业家更为直观也更加深刻的认识。这同样成为他能够纵横商海的重要资本。

不过，如果说影响最深的，恐怕还是他对于时代的深刻感知。

在陈锡添尚未于 1992 年壮着胆子在《深圳特区报》上写下那篇影

---

[1] 盛宣怀：1844 年 11 月 4 日 -1916 年 4 月 27 日，字杏荪，号次沂，晚年自号止叟，出生于江苏常州府武进县龙溪，清末政治家，洋务运动的代表人物。他在教育、实业、慈善等多项事业均有建树，并创立了北洋大学（今天津大学），也是轮船招商局、中国红十字会和第一家中国银行通商银行等组织的创办人。

响整个中国的文章——《东方风来满眼春》时，深入改革一线的汪建国就已经感受到了这股春风。农村焕发出的新活力，城市商业展露出的萌芽，都是这场春风最好的证明。汪建国是见证者，是亲历者，也是在这股春风中最先思考乃至于觉醒的一批人，在勃勃生机、万物竞发的年代里早早就当了"吃螃蟹的人"——这也是"九二派"的共同特征。

　　敏锐的汪建国知道，中国改革开放的春天要来了。于是他不顾多方劝阻，毅然从政界投身到商界中，做了一回"赶春人"。当然，从他后续的经历来看，他赶上的春天，不止这一个。

第二章

迎风崛起的五星电器

在人生的前 38 年里，汪建国学到了很多，成长了很多，其中非常重要的就是一个清醒的意识：时代大势不可阻挡。这个清晰的认识延续到了他的商业行为当中，他随时保持着对于市场的高度敏感，也随时准备着改变姿态，顺势而为。

探索：初入五交化，进军家电业

汪建国的前半生，与"家电"这个行业牢牢绑定在一起，成为梳理他人生时不得不关注的一条线索。而汪建国与家电行业的结缘，还要从五星电器的前身——江苏省五交化公司（以下简称省五交化公司）说起，那是他正式闯入商海的第一步。

对于今天的许多 Z 世代的年轻人而言，"五交化"这个带有浓厚重工业色彩的公司名显得有些陌生。五金、交通和化工，从公司的名字里人们就大概能猜测出它的业务，而在当今互联网大行其道的背景下，这三个词汇的叠加让人很容易联想到 20 世纪。的确，在计划经济时代，在中国的工业体系还不完整的年代，它是至关重要的存在。在许多 50 后、60 后甚至 70 后心里，都住着一个令人心驰的五交化站或五交化公司。

"五交化"是一种简称，主要指五金机械、交通电工器材、化工原料、家用电器等相关商品，五交化公司经营的就是这类商品。在市场经济蓬勃发展的今天，人们去大型超市、商业购物中心购物显得稀松平常。在一个大型购物场所，人们随时可以买到自己需要的各种商品，网购的选择范围则更广，从中国到世界的产品都可以通过便捷的物流体系送到消费者的手里。可是在计划经济时代里，按计划生产、凭票供应、统购统销是中国百姓的日常，今天的繁荣景象是难以想象的。彼时，日常生活中需要用到的百货、日杂、米、面、油等物品，以及衣食住行方方面面，需要由不同的专供公司提供，而五交化公司便是其中之一。

对于大多数普通人而言，逐渐淹没在市场经济大潮中的五交化公司只是人生中一段印象深刻的小插曲，是一个逐渐远去的符号或时代的注脚。但对于汪建国而言，五交化公司却是他人生的重要转折点。正是在这里，他开始接触到了家电行业，正式以商人的身份开启了一段新的人生旅程。

1991年，刚过而立之年的汪建国以"停薪留职"方式，进入了商业厅下属的江苏省五交化公司工作。从机关到企业，自1986年开始萌生的想法终于在他31岁时成为现实。

江苏省五交化公司成立于1955年。在那个动荡的岁月里，五交化曾被改为"革命委员会商业局"，直到1975年才重新恢复成"五交化"。五交化就像它的名字一样，主要经营五金、交电和化工三大类产品。在商业厅处于主导地位的计划经济时代，省五交化公司主要负责全省商品的调拨和计划，属于政府部门指定的一级站，规格不可谓不高。

在五交化工作的人也正是汪建国小时候艳羡的对象——能骑车上下班的工人。只不过此时的汪建国是以管理者的身份进入公司，担任总经理助理一职。

虽然党组任命了他在五交化的职务，但是在任命与公司聘任间还有一段时间。因此，刚刚调任到五交化的汪建国常常处于"无所事事"的状态。但一想到自己当初破釜沉舟从政府机关转战企业，这个勇敢到有些"愚蠢"的举动是为了实现自己的商业抱负，来做一番不一样的事业，被"挂在"五交化的"闲人"汪建国就倍感失落。

他告诫自己不能这样下去，坚持着自己从机关到企业的初衷：要做生意，而不要当官。

被"挂着"的状态大约持续了一年，随后他开始正式投入到五交化的工作中。从一开始工作，他就拉着一个大学生成立了一个新的部门——综合开发部。这个新部门的成立是汪建国真正意义上第一次自己缔造一个商业组织，可以算是他第一次创业的尝试。

汪建国的商业禀赋也在这一次尝试中得以凸显。从手掌游戏机到收音机，他围绕着五交化的专长做各种各样的产品，进行了名副其实的"综合"开发，成果也颇为显著。在一次采访中，汪建国回忆道："当时这些东西卖得还不错，半年后开始盈利，一年时间赚了几十万。"

业绩斐然的汪建国自然得到了公司的重视，迅速从总经理助理升任副总经理。当然，比起职务上的升迁，综合开发部的探索则更有价值。在他的全力主导下，五交化与时俱进地开始涉猎家电批发代理业务，为五交化几年后的转型奠定了基础。

谈到此处，就不得不提及我国家电产业的发展历程。作为中国企业中率先发展并迅速形成规模、完成产业升级和产业整合的一个行业，家电行业的发展历程堪称是中国制造的缩影。自中华人民共和国成立以来，我国家电产业的发展经历了三个至关重要的阶段。

第一个阶段是 1949 年至 1979 年。此时，是否拥有老的"几大件"还是人们对于幸福生活的评判标准。自行车、缝纫机、钟表以及电风扇等老一代必备家用消费品达到黄金发展期。不过，当时的家电市场完全处于计划经济体制下，家电企业自然没有形成市场意识和竞争意识。同时，家电的供给能力远远小于市场的需求，供不应求的状态让"三大件"成了那个年代中国百姓的"执念"。

第二个阶段是从改革开放到 1989 年。此时，国家实力与日增强，人民生活水平普遍提高。随着收入水平和购买能力的持续增长，人们持续十年乃至更久的消费热情被激活了。这也让家电行业迎来了第一次快速发展，新"三大件"——洗衣机、电冰箱和电视机等新兴家用耐用消费品逐渐走进了普通百姓家庭。

与此同时，国家在家电行业的放权和让利使地方政府和相关企业有了更多的产品自主权，这对家电行业产生了至关重要的影响。1982 年，家电工业局独立于五金电器工业局，主要负责洗衣机、冰箱、电风扇、房间空调、吸尘器、电熨斗等相关产品的生产管理；1983 年，我国开始引进冰箱压缩机的生产技术和设备，两年后，第一台利用国外技术装备生产的冰箱压缩机投放市场；1984 年，电子工业部作出了加快彩电国产化的重要决定，我国彩电国产化"一站式"工程正式实施，在三年后，彩电国产化工作方针被确定为"引进、消化、发展、创新"；1988年，华宝空调厂生产了我国第一台分体壁挂式空调器——kf-19g1a"雪莲"……

市场灵活性的不断增强、产品设计和生产技术的突飞猛进，让我国家电产品市场普及率快速增长。据相关数据统计，1985年，我国城镇居民家庭平均每百户彩电、冰箱的拥有量分别是6.7台和0.4台，到1992年，这一数字就变成了19.5台和3.4台。

也正是在这一时期，江苏省五交化公司开始向家电行业进军。

1985年，随着市场的松动，负责全省商品计划、征配和调拨的省五交化公司掌握了一大批进口的彩电、冰箱、洗衣机等家电产品。为了销售这批产品，省五交化公司成立了一个专门的经营部。这个仅由7人组成的经营部，在经营其他五金化工品类的同时，主要负责家电产品的销售工作。令人意外的是，这个经营部运行得非常顺利，盈利也很可观，不久后就成了省五交化公司中非常重要的部门。至此，省五交化公司便与家电行业结下了不解之缘。

当然，从改革开放到1990年，家电业的发展只能算是走出了第一步。越来越多的家庭出现了各式各样的家电，但离家电的普及还有很长的距离。

在1990年以后，随着改革开放的不断深入，家电行业也进入到了新的发展阶段。一方面，在国家的大力扶持下，此时中国家电产业持续发力，从产品层面的生产技术、产品质量，到市场层面对于环境的了解和适应，都有了质的飞跃。

一群乘着改革开放春风的投资者也不约而同地将目光聚焦到了冰箱、彩电、空调等家电消费品的制造业上。于是国内市场上形成了一批实力和资本兼具的家电品牌和家电产品，有一些甚至现在都能叫出名字：四川长虹彩电、青岛海信冰箱、无锡小天鹅洗衣机、珠海格力空调……

另一方面，城镇供电状况的有效改善，也让冰箱、彩电、洗衣机等家电消费品的市场普及率进一步提升。公司有家电产品，百姓有家电需求，收入的提升让人们有了消费的能力，而供电情况则在某种意义上打通了家电的"最后一公里"。于是，"旧时王谢堂前燕"开始"飞入寻常百姓家"，各式各样的家电在 20 世纪 90 年代对于家庭而言不再陌生。

进入到 90 年代后，中国的各行各业沐浴着改革开放与市场经济的春风，开始了突飞猛进的发展。具体到家电行业，1991 年前后是承上启下的关键时期。汪建国正是在这样的时代背景下，走进了省五交化公司，继而登上了家电批发零售的舞台。

汪建国足够有野心，也足够有魄力，能吃苦也会学习……他基本具备创业者应有的所有素养，后来他成功创业的经历也不断地证明了这一点。除此之外，汪建国的一生也是出奇地幸运，他自己的选择总是能背靠时代的机遇，随后做出一番大事业。

成长：至关重要的空调代理权

回顾五星电器的发展历程，不难发现空调在其中的重要作用。在五星电器经营的所有家电品类中，最强大的品类非空调莫属，而五星的起家，也可以归功于空调。夸张地说，如果没有售卖空调，五星电器不可能有之后的成功。

五星电器与空调销售的结缘，可追溯到五星控股时期。

九十年代初，小平同志的"南方谈话"如一股春风，为迷茫中的改革开放重新指明了前进的方向，让本有绿意的祖国大地更加焕发生机。中国的改革列车继续前行着，方向更为笃定，速度也加快很多。也是从那时起，中国步入了发展的快车道，一个落后世界许久的东方国度正在悄悄崛起。

江苏，这块自古以来的富庶之地，在改革开放的浪潮中也再度崛起。一边是老百姓口袋鼓起来了，也学会了享受生活；一边是各类家电的产量大幅上升，供给严重不足的局面正在逐渐改善。于是，彩电、冰箱、洗衣机等家用电器，流水似的向普通家庭涌去。

因此，在当时的江苏市场，家电生意是最赚钱的生意之一，许多嗅觉灵敏的商人，都开始涉猎家电行业，其中有日后创办了苏宁的张近东，当然也包括此时刚刚调任五交化不久、正在"赋闲"中的汪建国。

由于初来乍到，汪建国并不受重视，被"挂在了那里"。但汪建国此时已经决心经商做生意，省五交化公司不能提供经营便利，那他便自己去市场上找机会。

有段时间，他常常骑着自行车去中心城区与郊区之间的几个商场闲逛，既打发无聊的时间，也提前了解一下市场情况。但这一转悠，还真让他看出了一些门道：他发现，在这几个商场中，有一个卖空调的商场生意特别好，一小时就卖出了 6 台空调。

从小对数学敏感的汪建国立刻在心中进行了一番盘算，他暗暗算了一笔账：一个商场一小时卖 6 台空调，假如 10 家商场都卖空调，一小时就是 60 台，按每天 4 小时算，一天就是 240 台……这个销量在当时足以让任何一个对家电行业有些了解的人心动。

汪建国越算越兴奋，在商业厅摸爬滚打多年，他练就了敏锐的商业触觉，他意识到这是一个不容错过的绝好商机。这个发现和他的商业野心结合，就有了五交化的综合开发部。除了此前提到的手掌游戏机、收音机外，汪建国也将目光瞄准了洗衣机、冰箱等家用电器的批发代理，同时也锁定了刚刚起步、尚且冷门的空调代理批发业务上。

创业时期总是筚路蓝缕，江苏五交化也不例外。但艰难的同时也有收获，这段时间也是汪建国人生中十分快乐的时光之一——他一直以创造一个商业组织为乐。

汪建国和另外一个刚毕业的大学生组成了这个部门，一个商业上的新人带着一个刚入社会的新人，开始决定要做一番事业。资本向来嗅觉敏锐，早已有不少人盯上了批发代理这块肥肉。市场竞争激烈，他们又缺乏足够的行业经验，只能在一团乱麻中自己摸索，工作一度很难开展。

汪建国不是一个轻易服输的人，幼时的穷苦生活让他在骨子里有一股不服输、不认命的韧劲，只要打定主意的事情，一定会全力以赴。绝处逢生一直是他的"专长"，从早年的学生年代一直到后来的五星电器、孩子王都是如此，此刻当然不例外。

由于缺乏足够的资料记载，此时汪建国究竟如何腾挪辗转，在火爆的市场中打开局面，其中的细节已经不得而知。但可以知道的是，公司从他正式开始工作半年后，就开始了盈利，在一年后，给公司带来了几十万的盈利。

在批发代理事业稳定起步后，汪建国开始重点布局空调代理批发业务，这也是他从开始就看上的一个板块。不得不说汪建国身上的幸运光环，他这一举动与省五交化公司当时的发展方向不谋而合，业务的开展因此变得顺畅许多。

早在1985年，五交化公司就已经开始介入家电批发行业。1988年，国家对省五交化公司这类行政单位提出了两个改革方向：要么往企业方向发展，要么淘汰。在这样的背景条件下，时任省五交化公司老总的钱耀森提出了"走家电经营"的道路发展策略。

随后，凭借自身具备的市场资源优势，五交化与生产了我国第一台分体壁挂式空调器的华宝合作，签订了3年的江苏区域代理权。这也是五交化拿到的第一个空调代理权。

当时的宝华也刚刚起步，对这一次合作十分重视。五交化也拿出了合作的诚意，主动帮助宝华在江苏设立了仓库，也顺理成章地参与了宝华的市场定价。

为了把宝华空调在市场上推出去，五交化的业务员们拿着名片逐个拜访各县级销售公司、二级站等负责人，寻找客户资源。后来的五星电器吃苦耐劳的企业基因，就是从那时开始烙下的。

大家的努力自然没有白费，宝华的知名度很快就在江苏市场打响。汪建国进入省五交化公司时，正好踩在了宝华与省五交化公司三年合作之期的尾巴上。三年之期已到，合作的效果也摆在了众人眼前。

彼时，五交化在江苏区域的总销量已经达到了华宝全国总销量的十分之一，区域销量名列第一。亮眼的销售数据以及市场的悄然变化，让汪建国更加笃定地认为，不久的将来，空调批发代理一定会成为一块巨大又鲜美的蛋糕；而南京这个素有"四大火炉"之称的地方，则是这块蛋糕非常理想的餐桌；汪建国想当一个运营餐厅的老板，将这块蛋糕卖出去，分取其中的利益。

想到此处，他已经明白了当前的目标：找厨子。更精确地说，是找到空调的制造商，然后自己成为批发代理商。

正所谓英雄所见略同，在进军空调批发代理行业上，汪建国和他的"老朋友"张近东十分默契地达成一致。几乎是在同一时期，张近东也走上了同样的空调批发道路。并且，他们很快就迎来了人生中的第一场商海"厮杀"。

而同在 1992 年，另一个大公司也在做着自己的战略部署。那个公司就是格力。彼时，格力的董事长朱江洪同样看准了江苏市场的巨大契机，准备开辟出这块市场。事关者大，他不得不慎重思考人选，但思考的结果却遭到了一些人的反对：因为他竟然要将一个刚刚入职格力两年的"新员工"任命为这项任务的负责人。

虽然她刚刚在开辟安徽市场的大战中立下了汗马功劳，但是格力高层大佬们不乏反对的声音，认为她负责开辟南京如此重要的一个市场能力显得有些不够。但是朱江洪还是坚持自己的想法，钦点自己赏识的这员大将负责南京市场的开发。

她，就是董明珠。

在得知这一消息后，和董明珠有着十几年交情的张近东非常高兴。在他看来，拿下格力的代理权已经是板上钉钉的事情。殊不知，早在张近东找到董明珠之前，另一个和他一样看中格力代理权的人已经抢先一步，与格力达成了代理协议。这个"半路杀出的程咬金"正是汪建国。

最早结识董明珠的是省五交化公司的一名业务经理。当时的汪建国刚好计划大力进军空调行业，尽管格力在江苏还是一个"小透明"，但看中了其创新能力的他还是果断决定合作，一举拿下了格力在江苏的总代理。初次合作，省五交化公司便大手笔地拿出了 200 万元定金，诚意满满。

做生意最忌讳的就是卸磨杀驴。因此，当老朋友张近东找到董明珠时，董明珠毫不犹豫地选择了拒绝。她直白地对张近东说："要货唯一的办法，就是到'五交化'去取货。"董明珠的态度，彻底激怒了张近东。汪建国与张近东的关系就此破裂，这也导致在日后漫长的上海逐浪中，上演了多次"真刀真枪"的对抗。

对比：同时期的"家电大佬"们

在这场看不见硝烟的格力南京代理权争夺战中，汪建国成了绝对的胜利者。不久，他和董明珠一起组建了格力电器江苏工商联合办事处，迈出了五星电器发展历程中至关重要的一步。

在汪建国的大力推广下，格力电器江苏工商联合办事处一年的销量就占到了格力全国销量的十分之一。可以说，这是一次从供货商、到经销商、再到普通百姓都满意的一次合作，汪建国也再一次把握住了机遇，让旁人不得不佩服。

至此，初战商海的汪建国手中已经拥有了宝华、格力两大空调代理王牌。凭借着这两张王牌，汪建国又陆续拿到了美的、海尔、夏普等十几家其他空调产品的代理合作权，一步步缔造了属于自己庞大的空调批发代理"王国"，在中国空调业写下了浓墨重彩的一笔。

狄更斯在《双城记》里写道："这是一个最好的时代，也是一个最坏的时代；这是一个智慧的年代，也是一个愚蠢的年代。"任何一个时代，在不同人眼中，或许都会是坏的、愚蠢的时代，这要取决于在面对奔涌而来的时代风口和时代机遇时，当事人究竟抓不抓得住。

毋庸置疑的是，汪建国属于抓住机遇的那类人。当然，时代的眷顾往往不被一人所独享。和他一起抓住机遇的，还有后来与他并肩徜徉在家电零售商海、上演商业上一幕幕"爱恨情仇"家电零售业的巨头们。几乎是在汪建国辞掉公职、入职省五交化公司的同一时期，这些巨头们也纷纷出场，登上了家电零售业发展的历史舞台。

在这些巨头中，最早出场的是创办了大中电器的张大中。出生于20世纪40年代末的张大中是土生土长的北京人。他有着和汪建国类似的果决，只不过比汪建国更早一些"下海"。1982年，34岁的他果断辞掉了"一眼就能望到头"的供销社工作，成立了属于自己的"张记电器加工铺"，主营音响放大器生产业务。值得一提的是，在那个年代，"XX记"是唯一允许私营企业注册的名字。

靠着"张记"，张大中挖到了人生的第一桶金。在经营张记过程中，他敏锐地发现，在北京这个消费型城市，搞商业远比搞制造业赚钱。于是，头脑活泛的张大中在1986年大胆开办了自己的第一家电器原配件销售门店，3年后的1989年，尝到了电器原配件销售甜头的他又再次在北京西单成立了"大中音响公司"。这家面积仅有10平方米的小店，正是大中电器的第一家门店。

就在张大中不断摸索着新的商业模式时，潮汕人黄光裕带着蓬勃野心，来到了北京人张大中的"地盘"。

黄光裕出生于广州潮汕一个贫苦家庭。1985年，年仅16岁的他辍学跟着哥哥黄俊钦北上内蒙古谋生。之所以选择到距家千里的内蒙古淘金，是因为黄家当时有亲戚在内蒙古做生意并发了财，黄母希望兄弟二人也能有同样的好运气。这个选择，成为日后黄家兄弟崛起的开端。

在内蒙古，黄家兄弟做起了家电生意，他们把各种产自广东的小电器，贩卖给内蒙古当地人，并由此赚到了人生的第一桶金。1985年底，回家过年的黄家兄弟途经北京时被首都的繁华热闹吸引。黄光裕当即便决定要将势头不断向好的家电销售事业转移到祖国的心脏——北京。

1987年元旦，说到做到的黄光裕在北京租下了珠市口百货批发部一家100平方米的两层小店，改名"国美"，这就是后来一度称霸家电零售批发行业的"国美电器"的前身。

当时，北京的家电业被国有企业垄断，私营店铺几乎无法形成规模效应与价格优势。但黄光裕并没有被吓退。相反，嗅觉灵敏的他还在无比"恶劣"的市场环境中察觉到了巨大的商机。为了招揽顾客，黄光裕想到了一个"绝招"，他在店铺的人行道上铺满了家电，借此吸引路人。在缺乏广告思维和营销手段的年代里，这种简单粗暴的"广告"轻而易举地抓住了行人的眼球，毕竟哪个行人也不能对满大街的电器视而不见。黄光裕的"独门秘方"起到了良好的营销效果，他也成了这种营销方式的祖师爷，类似的营销办法到今天还一直能看见。

除此之外，为了打开市场，在广东拥有充足货源的黄家兄弟还一改"家电暴利"的行业潜规则，制定了"低价高品质、薄利多销"的销售策略。依靠这种销售模式，"国美"在北京市场一炮走红，迅速抢占了当地的市场份额。

1990年，意气风发的黄光裕一举在北京拿下了5家连锁店，至此，国美电器正式诞生。而在北方的家电销售市场格局初步形成之时，南方也后来居上。

当然，此时远在江苏的汪建国还没有机会和这两个人进行正面交锋，对他而言一个近在眼前、还非常棘手的对手才是"心腹之患"，这个人就是张近东。

1984年，张近东从南京师范大学中文系毕业后，被分配到南京鼓楼区工业公司工作。这个名校毕业的"高才生"，用现在的时髦话形容，算得上是一个标准的"斜杠青年"。在做好本职工作的同时，他也经营着自己的副业，利用业余时间承揽一些空调安装项目，并因此积累了创业的第一笔资金。

之所以特别提到张近东的副业，是因为这份副业带给他的不仅是经济的回报，更让他敏锐地发现了空调行业的暴力和巨大发展空间。于是，1990年末，在愈演愈烈的下海浪潮冲击下，年轻的张近东摸着口袋里辛苦攒积的10万元钱，义无反顾地告别国企，走上了自己的创业之路。

在选择创业项目时，张近东和同样身处南京的汪建国一样，将目光锁定在了尚属冷门的空调批发上。他在南京宁海路租下了一家200平方米的门店，成立了苏宁。这家公司，正是至今仍然在商界叱咤风云的"苏宁"的前身。

苏宁的崛起，还有一段轰动的历史。当时，南京的家电业几乎被牢固抱成团的南京国有家电垄断，"苏宁"的问世，犹如一条鲇鱼，打破了原有的平静，掀起了南京国有家电行业的汹涌浪潮。南京"八大商场"联合围攻苏宁，一心想把刚刚萌芽的苏宁封杀。

面对被称为"八大舰队"的国有商场的围剿，被蔑视为"小舢板"的苏宁迎难而上，以大幅降价的姿态全面应战。这场惊心动魄的价格战引发了媒体的全程跟踪，最终苏宁以一敌八，赢得了胜利。也正是靠着这场战役，苏宁在全国范围内打响了自己的知名度。

其实，不难看出，无论是黄光裕的"国美"，还是张近东的"苏宁"，在野蛮扩张的年代，他们都使用了同样的"低价"策略，并且都是"低价"战的受益者。

他们的这套"低价"打法，为后来家电行业波澜壮阔的"价格战"埋下伏笔，并最终在南京这片"故土"上掀起一场被记入中国商业历史的价格战。也是在那时，张近东和汪建国将开始一场浩浩荡荡的正面厮杀，当然，"参战方"不只有他们两家。

就在意气风发的张近东披荆斩棘地开辟着自己的创业疆土时，同样出身国企的陈晓也迎来了人生新的转折。

1990年，31岁的上海人陈晓被上海南汇区商业局看中，将其挖到南汇区家电批发站做常务副总经理。陈晓自1986年起就开始接触家电销售行业。应该说，能在短短几年内迅速从一名基层销售员，爬上国营家电公司常务副总经理的位置，除了过人的情商和智商外，还得益于陈晓与生俱来的经商天赋。

这种经商天赋，从他上任后第一时间为新公司改名一事就能窥见。

当时，陈晓力排众议，将"南汇区家电批发站"改名为"永乐家电批发总公司"。这个改名举动意味着，一个区一级的批发站，拥有了承接全市乃至全国生意的机会。

在上海这个改革开放中的"桥头堡"，陈晓让永乐电器不断发展，最终成了当时能和国美、苏宁比肩的家电业"大佬"。

蜕变：华丽转身的五星电器

在苏宁、国美等几个日后的竞争对手蒸蒸日上时，"好折腾"的汪建国自然也没闲着。他在自己中意的生意场上策马奔腾，总算圆了自己憋在心中许久的经商梦。而五交化也在汪建国的手中迅猛扩张着。

时间来到了 1998 年。对于汪建国而言，这是具有转折意义的重要一年。而一个巨大的历史机遇，也将和他"相约一九九八"。

1998 年，是他告别机关、转战商海的第 7 年。都说"七年之痒"，可是汪建国显然没有"痒"，反而还在沉浮的商海中找到了更适合自己的节奏和位置。因为积极拓展空调零售业务并顺利打开市场，汪建国得到了省五交化公司的重用，一路从综合开发部门负责人，升任至五交化公司总经理。五交化作为一个国企，他的总经理行政级别是正处级。某种意义上说，汪建国当了官，还是个不小的官。

但很显然，从机关毅然离开的那一刻，汪建国早已志不在仕途。就在他的事业步步高升之时，国企改制的浪潮也滚滚袭来。敏锐的汪建国再一次感受到了时代的风向。

国有企业改革是中国经济体制改革中最核心、最关键的中心环节。20 世纪 90 年代初期，随着改革开放的春风越刮越烈，我国的商品经济从短缺慢慢走向了过剩。国企的臃肿、冗余、不尊重乃至破坏市场经济规律等诸多问题，在市场环境中一下被凸显出来。

改革开放的深入也给曾经在夹缝中生存的民营企业更广阔的生存

空间。而在蓬勃发展的民营企业和合资企业的挤压下，国有企业的发展开始遭遇前所未有的重创。到了 90 年代中后期，国有企业已陷入大面积亏损境地。

据相关数据显示：1994 年，我国国有企业盈利 900 多亿元，1995 年基本持平，1996 年上半年净亏损 130 多亿元。1997 年，随着亚洲金融风暴来袭，国企亏损突破 40%；在国家重点监测的 14 个工业行业中，纺织、有色、军工、煤炭、建材等 5 个行业整体亏损；全国 31 个省区市有 12 个整体亏损。相当一部分企业"已经被逼到死角"，面临破产倒闭的边缘。

在这样的时代背景下，市场经济浪潮中身先士卒的国有企业开始了大刀阔斧的改革。

邓小平南行，再度谈及"姓资姓社"的问题，也明确了在改革中要"在农村改革和城市改革中，不搞争论，大胆地试，大胆地闯"。1993 年 11 月，党的十四届三中全会通过了《中共中央关于建立社会主义市场经济体制若干问题的决定》，这份被称为我国"社会主义市场经济体制的第一个总体设计"的文件，明确提出了我国国有企业的改革方向是建立产权明晰、权责分明、政企分开和管理科学的现代企业制度。

1994 年 11 月，全国建立现代企业制度试点工作会议在北京举行，100 家企业被列为建立现代企业制度的试点。到了 1995 年，国有企业改革已经成为我国经济体制改革的重点。

如果说此时的国企改革还处于摸索、试探、稳扎稳打阶段，那么，随着 1997 年年中时任中央政治局常委、国务院副总理的朱镕基同志的辽宁考察，以及同年年底"三年两目标"（三年实现大多数国有大中型企业改革和脱困）的正式提出，1998 年国企改革进入了如火如荼的关键阶段。

当时，国企改革的具体实施策略大致可以归结为两点：一是加大中央部门的改革力度，将煤炭工业部、机械工业部、冶金工业部、国内贸易部、轻工总会和纺织总会等 10 个原部级经济部门分别改组为国家局，交由国家经贸委管理；二是国企改革由点到面，全盘开花，以纺织行业为突破口，逐步扩大到制糖、煤炭、冶金、建材、石化等行业。

很快，这套全面、深刻的国企改革组合拳便初见成效。据 2000 年召开的全国经贸工作会议统计，当年，我国 6599 户大中型亏损企业已减少 4098 户，占总数的 62.1%。列入 520 户国家重点企业的 514 户国有及国有控股企业中，作为国有大中型骨干企业，已有 430 户进行了公司制改革，占 83.7%。这意味着，国有企业改革与脱困三年目标已经基本实现。

应该说，发生在 20 世纪 90 年代的这场声势浩大的国企改革大潮，是国有经济结构调整、提高企业核心竞争力的必然要求。国企的改制，在使其摆脱了沉重历史包袱和体制束缚的同时，也使许多如汪建国一般意气风发的弄潮者们，迎来了搏击商海的绝佳机会。

几年商海沉浮，汪建国对于国有企业也有了更为充分的认识。他清醒地意识到，五交化所做的"竞争性家电"，靠缺乏市场意识的国有企业会"很难做"。所谓"体制决定竞争，竞争决定绩效"，这成了他改变体制的重要原因。同时，汪建国也保持着一如既往的商业野心，他想更进一步，从批发转向更下游零售，而且是要做专业的批发和零售。

在这种思考下，汪建国带领着五交化成了这场浩浩荡荡的国企改制的直接参与者，从一个国有企业转变成民营企业。转制过程中，汪建国和其他数十位高管一起接手了省商业厅转让的五交化大半股份，成了五交化的最大股东。

江苏省五交化成了历史，取而代之的是一个民营企业：五星电器。之所以命名为"五星"，是寓意着以五星的标准来服务顾客，让顾客满意。从今天来看，汪建国在商业上显得有些"早熟"，在二十世纪末就将重视顾客放在了企业理念里。

当时家电业最盛行的打法是用低价来换取销售量。而在众人瞄准产品的年代里，汪建国则瞄准了人，更准确地说是瞄准了消费者。而这个思维惯性将在十多年后他创立孩子王时再度得到验证，最终成为了他的"商业格言"之一：从经营商品到经营顾客。

从 20 世纪 90 年代末到 21 世纪初，中国家电保持着一个明确的格局：中国家电行业北有国美、大中，南有苏宁、永乐和五星。这个"南北"的格局随着五星电器的成立而凑齐了最后一块拼图。

在未来的几年里，这种"南北"格局还将不断完善和巩固，比如，永乐比五星早两年就在时代的裹挟中完成"去国有化"；国美、苏宁和永乐也将不断攻城略地，最终导致几个行业巨头拼杀……汪建国也将会带着五星电器，与这些家电"大佬"们在同一战壕携手并进、相爱相杀。

不过，此时的汪建国自然不会预料到几年后的光景，此时他的三个改革方向刚刚实现了一个。而剩下的两个遇到的巨大阻力，才是他当时最头疼的问题。

路线：专攻家电行业

彼时的汪建国提出了三个改革方向：从国有变民营、从批发到零售和从综合经营到专业经营。第一个方向他已经成功实现，而剩下两个则遇到了阻碍。在改制后的五交化的经营发展方向上，他和其他人产生了分歧。

放到当时的大环境里看，当时的社会正提倡"有所为，有所不为"。汪建国也认为做企业同样需要"有所为，有所不为"，即找准自己的定位，弄清楚"我是谁？""我究竟想做什么？"和"我想做到什么程度？"等基本问题。也是在这一系列追问后，他经过了深思熟虑，规划了从综合改成专业、从批发转成零售两个战略。

他的想法刚一提出，就遭到了干部员工们的激烈反对，如此大的改革策略让他的手下有些吃不消。毕竟在当时，大多数人还是抱着求稳的心态经营企业。他们从国企员工变为民企员工，为的就是赚更多的钱，至少不能亏损。而汪建国的改革方向，则让他们心里有些没底。

因为将五交化的经营范围从综合改成专业，意味着要砍掉五星电器涉足的许多行业，这些行业未必都是不赚钱的，有些甚至还非常赚钱，比如黄金；而将五交化的经营模式从批发转成零售，则意味着五交化要放弃熟悉的商业领域，进入到一个十分陌生的环境里。这样的转变，无论怎么看都存在巨大的风险。

更重要的是，砍掉多余的行业，就意味着要进行部门的合并、组合和人员的重新分配，这将直接动大多数人的"奶酪"。虽然企业的性质从国企变成了民企，但是员工的思维却不能一下子转过来，而汪建国的改革方案则是要对原来国企的逻辑进行彻底的颠覆。遭到强烈反对也实属正常。

汪建国在这件事情上表现出了巨大的魄力，他铁了心要将五交化公司改头换面。他霸气地回应那些不理解他的经理们说："别看现在赚钱不多，但我预测家电未来的市场空间比较大，增长速度快，产品更新换代也非常快。看不到这点，我们就会失去这个先机。"

多年的实战经验让始终游走在中国商业发展变化最前沿阵地的他悟出了一条浅显却重要的创业理念：经营企业就是要敢于创造、敢于改变、敢于追逐时代的步伐。

在汪建国看来，方向比努力重要，而所谓的方向，正是选择在什么样的赛道做正确的事情。一旦选错了方向、选错了赛道，错过的将不仅是一个机会，更是一个时代。在后来的许多年里，他在创业的过程中做出的许多令人不解的选择，几乎都是基于这一理念的支持。

很显然，汪建国不想放弃心中的商业蓝图，错过属于他的时代。他在瞬息万变的市场中，感受到了蓬勃发展的家电零售行业的春天。

这种感受并非主观的判断，而是来源于客观的分析。一方面，随着福利分房制度宣告结束，房子开始作为一种可以自由买卖的商品出现在市场中。星星之火，可以燎原，中国房地产行业的根本性变化，将直接带动了家电行业的井喷式发展。另一方面，随着零售业的不断崛起，汪建国已经意识到走批零兼营的道路已势在必行。

最终，在汪建国的极力坚持下，1998 年 12 月 18 日，五交化公司更名为五星电器，逐步退出了经营多年且业绩不俗的五金电动工具、化工产品等业务，转而聚焦家电行业，大量涉足家电零售业务。随后，他把原来的 13 家分公司变成了 5 家，砍掉了五金、化工、电动工具、电子器材等部门，开始了家用电器的专业化经营公司，"做最优秀的专业家电通路商"。这注定是五星电器发展历史，乃至中国家电历史上至关重要的一天。

为了庆祝自己的华丽转身，五星电器专门策划了一个隆重的剪彩仪式，邀请了格力、美的、海尔、三菱重工等当时中国空调业排名前十的厂家老总出席。南京的冬天湿润且寒冷，但是每个五星人都非常兴奋，因为这是所有五星人的起点和挑战。

在后来的一次报道里，五星电器企划中心总监景星描述了剪彩当天的情况。当时五星电器刚刚成立，规模还不大，于是市场部只剩下他一个"光杆司令"，所以要落实好剪彩仪式当天的每一件事情。

"凌晨四点，我就到了公司，落实现场的花篮、气球、拱门、红地毯，从话筒架到礼仪小姐的服装，每一分钟都像打仗一样。天道酬勤，整个仪式非常顺利，只有一个不为外人知的瑕疵。因为剪彩是十位嘉宾，所以我准备了十把剪彩的剪刀，可是到了仪式开始我才发现应该准备十一把剪刀，这样才能确保嘉宾无论从右边还是左边都能拿到剪刀。情急之下我只能挨个要求礼仪小姐从右侧递剪刀！"

即使在几年之后，谈起这场剪彩仪式，景星仍然难掩心中的兴奋和激动。而据他描述，在现场剪彩照片中，还可以找到他当时忙碌的身影。

当然，如果说现场最激动的人，则非汪建国莫属。这毫无疑问是他人生中激动人心的时刻之一。

严格来说，在过去的十余年里，无论是最初在江苏省商业厅任职，还是后来离开政府机关、投身国有企业，汪建国始终没有脱离体制，这是由他性格中与生俱来的冷静沉稳决定的。在日后的许多年里，这种冷静沉稳的性格也将陪伴他走过未来每一次的创业之路。

所以我们会看到，在后来的很长一段时间里，他不断地变换赛道，每一步似乎都是冒险之极，但背后则有着他的深思熟虑，所以走得稳稳当当。在接手五交化股份、主推五星电器华丽转身的那一刻，已经在商海摸爬滚打多年的汪建国才在真正意义上走出了体制、进入到滚滚市场浪潮中。

蜕变的不只是五星电器，还有汪建国。属于他的时代，来了！

值得注意的是，就在汪建国乘着国企改制的东风扬帆起航时，另一个日后在家电行业破击弄潮的人物也抓住了国企改制的机会，甚至比汪建国还早两年。这个人就是曾经一手缔造永乐销售神话的陈晓。

1990 年，三十而立的陈晓被上海南汇区商业局看中，扛起了永乐的销售大旗。接手永乐后，他仅用三年时间，就将永乐送上了"销售神话"的宝座。1993 年，永乐在陈晓的带领下，销售额冲到了 13 亿元，是同时期国美和苏宁的好几倍。

不过，在短暂地走向高潮后，国企的弊端也开始显现。于是永乐一步步跌下神坛，业绩一年不如一年。到了 1996 年，曾经辉煌一时的永乐终究抵不过时代的洪流，宣布了破产。

面对永乐的轰然坍塌，最痛心的当属陈晓。这好比是一手养大的孩子中途夭折，也意味着他多年的努力化为了灰烬。为了保住自己一手缔造的"永乐"品牌，失意的陈晓抱着破釜沉舟的决心拿出了自己的全部积蓄，以买断国企工龄为条件，换得了"永乐"的品牌。

1996 年的陈晓和 1998 年的汪建国，就这样在命运的安排下，几乎用同样的方式，在同一时期，闯入了同一赛道。他们的创业经历和创业初衷，也正是在那个热血而疯狂的时代努力追逐梦想的大多数企业家的缩影。而随着家电业的蓬勃发展，五星和永乐，陈晓和汪建国，终有一日也会狭路相逢。

顺势: 汪建国的前三十年

1998 年，汪建国已经来到了三十岁的边缘，马上就进入到了不惑之年。当然，比起生理年龄，从体制内到体制外的跨度也许更加重要。

未改制前的五交化也是企业，但国企毕竟仍有体制内的属性，汪建国也有着自己的行政级别；改制后的五星电器，则是一个彻头彻尾的商业机器。如果说此前还能叫他一声"汪处长"，那么此刻的汪建国则是一个彻头彻尾的"汪老板"或"汪总"。

从求稳到求变，从一心想进体制到最终走出体制，促使汪建国完成这种转变的内在因素有很多：汪建国的商业基因、早年的穷苦生活、不服输的品质、迎难而上的性格……但他的理想得以实现，则有赖于时代的发展以及由此带来的机遇。

1978 年 12 月，党的十一届三中全会在北京召开。会上，邓小平同志提出了"对内改革，对外开放"的治国政策，我国改革开放的大幕由此拉开。两年后的 1980 年，托夫勒的著作《第三次浪潮》出版并在世界范围内产生了深远影响，书中阐释的"知识经济"变革思潮也在国内悄然流行。

彼时的汪建国还是一名懵懂青涩的大学生。他历经千辛终于挤上了高考独木桥，一心想着走出"农门"，吃上令人艳羡的"公家饭"。那时的他并不知道，迈出象牙塔大门的他会在不久后走进江苏省商业厅，走向内地改革开放的前沿阵地；他更不会知道，在随后短短几年里，自己将亲历和见证中国大地最深刻的商业变革与最波澜壮阔的"下海"浪潮，且因此开始打造后来名震中国的家电帝国。

1978年是一个开始，六年后的1984年则同样非常关键，无数人的命运在这一年和时代紧密地连在了一起。

1984年，是汪建国入职江苏商业厅的第三个年头，也是中国经济发展的拐点和中国商业史上具有里程碑意义的一年。这年年初，小平同志马不停蹄地走遍特区，并为深圳、珠海两个经济特区题词，鼓励两个特区不断改革开放，为中国更大的改革做出有益的探索和示范。

几个月后，《中共中央关于经济体制改革的决定》正式出台，明确了改革的基本任务是建立具有中国特色的、充满生机和活力的社会主义经济体制；提出了要突破将计划经济同商品经济对立起来的传统观念；阐明了加快经济体制改革的必要性、紧迫性；强调了增强企业活力、发展社会主义商品经济、政企分开等重大问题。

犹如一声春雷炸响，商品经济大潮滚滚袭来，中国社会进入了一个痛并快乐着的转型期。一时间，新生事物层出不穷，新旧思维火花频现，各种新的价值观念、新的道德评判再次洗涤了中国人的心灵。

尽管在当时的大多数人眼中，"捧铁饭碗、拿死工资"依然是最好甚至唯一的出路，但一小部分有着强烈经商意识和灵敏嗅觉的弄潮者，已经真切地感受到了市场经济的春风。于是，不安于现状、不甘于拿死工资的他们砸碎铁饭碗，跃跃欲试地敲开了中国商品经济的大门，踏上了创业经商的道路。

一时间，全国各地涌现出了一大批民营企业，"下海"一词迅速在中国大地上热起来，"我们下海吧"成为流传在年轻人之间最具诱惑性的试探。在熊熊燃烧的创业热情的带动下，1984年也成了中国现代企业和企业家诞生最为集中的一年，因此1984年也被称为中国企业公司元年。

如今，再回望当年，人们会发现许多叱咤风云的企业家都是当年敢于"第一个吃螃蟹"的人，比如创办万科的王石、缔造联想的柳传志、组建海尔的张瑞敏等。值得一提的是，汪建国后来的老朋友兼老对手张近东，也是在1984年凭着10万元的创业资本下海的，随后他创办了苏宁电器。

在1984年的这场"下海浪潮"中，汪建国扮演的角色更像是一名冷静的"旁观者"。此时的他，尽管身处"下海"浪潮的中心、目睹了许多"下海"故事，内心波澜壮阔，但他并没有追随"下海"，没有让自己成为"下海"故事的主角，而是按部就班地继续生活。

关于汪建国为何没有追随时代潮流选择"下海"，主要有两个方面的原因：第一，80年代下海经商的知识分子需要克服"人言可畏"的心理障碍，而汪建国当时过于年轻，并没有做好充足的准备；第二，风华正茂的汪建国，当时正在自己的岗位上做得有声有色，拥有无比畅通的仕途，可以预见的是，如果按照既定的道路行走，汪建国将过上他曾梦想过的安稳体面的生活。更重要的是，对于那时的汪建国而言，要想彻底瓦解内心构建了多年的"吃公家饭"的理想和信仰，必须要有更强有力的推手。

很快，这个强有力的推手来了。

1986年，二十六七岁的汪建国被派往江苏滨海县担任商业局副局长，开始为期三年的基层挂职锻炼。此时，商品经济的浪潮愈发汹涌，伴随着一大批勇敢试水的"下海"人率先富裕起来，人们的思想观念发生了天翻地覆的变化，"仕而优则商"的现象越来越普遍。

在大部分人眼里，最受欢迎的职业变成了出租车司机、个体户、厨师，而科学家、医生、教师反而成了排在最后的三个职业选项。"修电脑的不如剃头的""搞导弹的不如卖茶叶蛋的"成了当时社会的真实写照。

在这样的社会背景下，"当教授还是做老板"成为无数高级知识分子面临的重要抉择，一大批体制内从业者纷纷丢掉"铁饭碗"，端上"泥饭碗"，一头扎进了商业世界的浪潮。到了1987年，中国大地迎来了第二次席卷全国的"下海"浪潮。

在势不可挡的时代洪流下，年轻的汪建国也重新思考起自己的未来。他人生转折的种子，就这样在愈演愈烈的"下海"浪潮的裹挟下，埋在了挂职生涯中。

那时，凭借在改革开放之初大办乡镇企业赢得的先发优势，江苏这片热土俨然已经成了改革开放浪潮中的排头兵，担负着为全国发展探路的角色，形成了闻名全国的"苏南模式"，生动地诠释着中国特色社会主义的伟大实践。

因为挂职的缘故，汪建国得以深入市场一线，在这里，他再一次近距离地感受到商品经济的春风扑面而来。当时，他耳濡目染了许多成功的经商案例，见证并直观感受到了如雨后春笋般迸发的乡镇企业。

在与企业打交道的过程中，他体会到了一种以往在机关单位从未体验过的披荆斩棘的感觉，仿佛开着一艘摇晃的小船，明知路途遥远，非要乘风破浪，这种感觉太让他着迷。

直到这时，汪建国才依稀意识到，或许自己骨子里就有爱冒险、喜探索、好折腾的一面，只不过这一面已被流于表面的安静和求稳所覆盖。也是在那时，他开始产生了投身商海的想法。

许多时候，当一个大胆的想法萌芽后，再想将其压下去就变得困难了。相反，这种想法会变成一粒生命力极强的种子，在脑海里生根发芽，直到有一天破土而出。对于汪建国而言，投身企业就是这样的想法。在后来的挂职生涯中，"到企业去"的想法在他的心中越来越强烈。1988年，汪建国结束挂职重新回到江苏商业厅；至此，他一刻也不愿意再等了，经过慎重思考后，他主动提出想去企业工作。

也是在那时，汪建国清晰地意识到，自己之所以想折腾，之所以想去企业，追求的不仅仅是名利和金钱，还有生命的意义。如果把机关单位比喻成密不通风的网，对于当时的他而言，进企业就是在这张网上开出一个小小的孔。或许只需要这一方小小的孔，他就可以重新为自己的人生注入无限的潜力和活力。

带着这样的想法和信念，1991年，汪建国终于争取到了进入企业的机会，去了江苏省五交化公司。只不过，在滚滚下海浪潮中，汪建国还是秉承自己一贯的小心谨慎，选择了停薪留职，而不是更直接、更彻底的辞职经商。

时间是最好的灵魂雕刻刀，许多时候，它改变的不仅是人的年纪和外貌，还有人的思维、心智、理想甚至信仰。握着这把雕刻刀的手，是人的经历、眼界、认知和当下所处的环境，更重要的是还有滚滚向前、不可阻挡的时代洪流。这一点在汪建国身上体现得尤为明显。

不得不说汪建国是一个非常幸运的人，每一步都正好踩中了时代的鼓点。从参加高考到进入机关，从转战国企到成为民营企业的老板，汪建国在时代洪流中谨慎地迈着自己的脚步，踏实前进。

在人生的前 38 年里，汪建国学到了很多，成长了很多，其中非常重要的是一个清醒的意识：时代大势不可阻挡。这个清晰认识延续到了他的商业行为中，他随时保持着对市场的高度敏感，也随时准备着改变姿态，顺势而为。

第三章

在商海中拼杀的五星电器

在五星电器完成华丽转身的同时，我国家电零售行业也迎来了井喷式发展时期。各大家电卖场纷纷从百货公司中分离出来，经营模式全面向综合电器连锁店转变，家电连锁网络扩张开始步入快车道。

爆火的家电大卖场

在五星电器完成华丽转身的同时，我国家电零售行业也迎来了井喷式发展时期。各大家电卖场纷纷从百货公司中分离出来，经营模式全面向综合电器连锁店转变，家电连锁网络扩张开始步入快车道。

最早打出家电连锁王牌的是国美的黄光裕。1990 年，黄光裕在北京开设了 5 家家电连锁店，仅一年后，国美电器的门店就飙升至十几家。到了 2001 年，国美的连锁门店数量再次翻番，达到了三十余家。

在北方市场与黄光裕齐头并进的张大中也不甘示弱。1999 年，靠做音像生意赚得盆满钵满的张大中正式成立了大中电器，野心勃勃地进军北京家电市场，成为黄光裕有力的竞争对手。

而在南方市场，早于五星电器两年完成"公转私"的永乐电器，也结束了单纯的电器零售批发，在上海开出多家分店，成为上海家电连锁零售市场的领导者。

在竞争激烈的南京市场，和五星一样靠空调批发起家的苏宁力排众议，放弃了只做空调批发业务的发展路线，开始走上综合电器连锁零售之路。1998 年，苏宁在新街口开出第一家综合家电商场，此后，苏宁以平均 40 天开一家店的速度迅速扩张。

按照汪建国的设计规划，作为家电零售行业后来者居上的五星电器，也逐渐走上了批发转零售的转型道路。1998 年，五星电器先后在南京开设了水西门、山西路、夫子庙 3 家空调专卖店。

当时的五星还是一个既没有零售经验，也不具备一定软件设施的零售小白，哪怕是一个普通的订货单，也要专门派一个人骑自行车接送。但是靠着手里牢牢掌握的华宝和格力两个空调品牌的代理权，以及五交化时代铺设的良好销售网络和规范化管理，五星电器的零售业务依然取得了可圈可点的销售业绩，仅在半年时间零售量就超过了一万台。

强劲的发展势头并没有让汪建国掉以轻心。相反，他心里还暗藏着一个令他不安的疙瘩——成长于江苏襁褓的五星电器，在江苏的心脏南京还没有建立起属于自己的地盘和基地。快速抢占南京市场，成了五星电器的当务之急。

苦孩子出身的汪建国最擅长的事情就是学习。那时他已经接触到了更为先进的大型连锁企业的经营理念。于是，深思熟虑的他决定把这种商业模式复制到南京，开办一家大型连锁家电卖场，发起对南京家电市场最猛烈的进攻。

当然，这个想法的创新之处并不在于"连锁"。这已经是五星的竞争对手们早已吃透的打法，真正值得关注的是对于店铺"卖场"的定位。

当时的南京，家电连锁店遍地开花，但大型连锁家电卖场却是一个全新而陌生的概念。汪建国的主张，相当于开创了南京甚至整个南方家电市场的先河。最终汪建国拍板，干脆给这种类型的商场起了一个简单直白的名字：大卖场。

毫无疑问的是，这样"大胆"的主张，再次引起了公司不少人的反对。当时，在为卖场开业取名字时，一些干部员工更倾向于"购物中心"或者"商厦"。正如五星电器的创始人之一王健在接受《正面刚》的采访中所说，当时包括苏宁在内的家电零售商都将自己的商场定义为"家电精品市场"，这样显示出自己的家电"档次高"。

但汪建国思索再三还是决定命名为"大卖场"，尽管包括王健在内的很多公司高层都表示了反对，王健甚至认为，自己的名片上写着"大卖场总经理"的字样，都让他有些"不敢拿出来"。

反对的不仅是公司高层，有些员工也对这个名字不甚满意，毕竟人们都想让自己所做的工作有着一份体面的外衣，而"大卖场"则显得有些过分粗粝。同时，工商局登记不能注册，因为没有这样的先河；供应商也不愿意签大卖场的协议，怕大市场会乱价。

但是向来不走寻常路的汪建国也再次选择了力排众议。为了大卖场的顺利开设，在筹备阶段，他把自己的办公室直接搬到了卖场楼上的空地。这样一方面能躲过公司内部的一些干扰，而更重要的是汪建国以这样的方式表明自己要做下去的决心。

当然，一向在商业上保持清醒头脑的汪建国并非无的放矢。他的理由很明确、也很简单：提到"大卖场"，大家脑海中首先想到的就是"价格低"，这与卖场的整体销售基调是相吻合的。

从今天来看，无论是有心还是无意，汪建国的主张其实都正好契合了时代的变化。自20世纪90年代开始，家电才慢慢飞入寻常百姓家。在某种程度上，家电除了功能之外，也代表着家庭的消费能力、生活质量等诸多方面，因此家电才和高端、精品等词语挂钩。

但随着居民消费能力的逐步提升，越来越多的家庭已经有实力将常用家电配置齐全。比起曾经对"三大件"和"新三件"的描述，此时家电的计量单位用"套"显得更为合适。"家电大卖场"这个概念正好符合了这一潮流，同时还以名字中自带的"低价""实惠"的感觉，吸引住消费者。

最终，汪建国要开家电大卖场的决定，在南京家电市场投下了一颗巨石。一时间，南京家电市场剑拔弩张、水花四溅。

2001年4月上旬，家电大卖场开业前夕，南京家电市场的"土老大"苏宁就感受到了前所未有的威胁。这种威胁，不仅源自汪建国倾力打造的"大卖场"模式，更源自五星背后的重要厂商资源。

于是，苏宁一面掀起降价风暴，以价格战的方式遏制五星电器；同时也利用媒体，让铺天盖地的报纸宣传苏宁的主张：打造家电价格"盆地"。面对苏宁的降价挑战，五星沉着应对，借着苏宁已有的"盆地"

说法，提出了"价格盆地在南京，价格盆底在五星"的响亮口号。

但苏宁也并没有放弃。此一段时间，五星与苏宁陷入了针锋相对的"广告战"，双方轮番上阵，比价格、比新品、比赠品……这场势均力敌的"广告战"一直持续到山西路大卖场，最终的结果是不仅打出了南京电器有史以来的最低价，也打破了全国电器市场的价格底线。

当时，大卖场的开业时间原本定在 4 月 18 日，为了避开同行恶性竞争，汪建国还耍了个小心眼，对外放出了 4 月 13 日开业的烟幕弹。果然，4 月 12 日那天，南京主流报纸的所有重要版面几乎都被苏宁买走了。

就在双方的"广告"战打得如火如荼时，2001 年 4 月 18 日，五星电器位于南京山西路军人俱乐部的第一家家电大卖场——山西路大卖场正式开业了。或许是五星坚持走平价路线的信心和决心感染了南京市民，或许是五星和苏宁的激烈"广告战"足够吸睛，又或许是大卖场这种新颖的零售形势撩拨了大众的好奇心，总之，这家经营全品类家用电器的家电卖场一炮而红，创造了难以置信的销售奇迹。

开业当天，从南京各区蜂拥而至的数千市民络绎不绝地涌入军人俱乐部，将山西路卖场近六千平方米的店堂围得水泄不通。山西路到中山北路的一段交通也因此缓滞。为了维持秩序，交警甚至专门在军人俱乐部增设了交通岗，银行也派人过来帮助收银。

"当时最担心的是刚建好的卖场楼梯会不会因为这么大的客流量而被顾客踩断。"山西路大卖场首任总经理王健回忆当年场景时如是说。同样据他回忆，开业当天销售额就达到了四百五十万。当时的交易基本是以现金的方式进行的，四百五十万的钞票，蔚为壮观。

南京市场"保卫战"

大卖场这种空前的盛况，持续了将近一个月之久。提起当时的情形，许多老南京人至今记忆犹新。

就这样，山西路大卖场横空出世，翻开了五星电器成长史上最辉煌的一页。一方面，它标志着五星电器正式迈出了从空调专营店向全品类电器综合零售大卖场全面进军的步伐。另一方面，它的出现也帮助五星电器形成了固定的客流，奠定了五星电器在南京家电市场的江湖地位。自此以后，五星电器终于在南京本部挺直了腰杆，有了属于自己的据点和基地。更重要的是，从山西路大卖场开门营业的那一刻起，在全国家电市场低调透明的五星电器终于扬眉吐气，收获了外界无数的关注目光和响当当的名号。

王健在接受采访时，对于汪建国商业上的"警觉性和敏感性"颇为佩服，毕竟他也是当时反对"大卖场"的一员。不过，当他以"第一家卖场总经理"的身份卖出大量家电后，他开始对这种商业模式有了发自内心的赞同，同时认为汪建国应该是国内家电行业提出"大卖场"概念的第一人。

当一个风口来临时，总有一些嗅觉灵敏的人可以在大多数人还未发现的风口蛰伏期，就率先感受到风口的临近。汪建国显然属于这样的人。他极力促成的山西路大卖场，对于五星电器而言具有划时代的意义：据五星内部数据显示，2001 年，得益于山西路大卖场的加持，五星的空调总销量比 2000 年增长了将近一倍。五星不仅全面挺进了南京市场，还坐上了既苏宁之后的第二把行业交椅。

犹如一颗冉冉升起的明星，一个崭新的、充满无限朝气与活力的五星电器就此腾飞。

不过，从更为宏观的层面来看，山西路大卖场带有的时代意义并不局限在五星电器上，这同时也是南京商业史乃至中国家电历史上非常重要的一个篇章。

一方面，这种商业业态的出现，改变了人们假日集中到新街口购物的习惯，带动了整个商圈的活力，也促使"家电大卖场""低成本经营"等全新概念在南京家电市场悄然流行，打响了南京家电价格"盆底之战"的疯狂第一枪。

更重要的是，大卖场模式的成功，在引领了新的家电零售模式、改变了江苏家电市场传统经营业态的同时，也让更多家电品牌看到了南京市场的无限活力和巨大潜力。2002 年前后，各地涌现了许多区域性家电连锁企业。在进一步扩张的道路上，它们纷纷将目标瞄准了南京这块当之无愧的家电零售"风水宝地"。

一马当先的是发展势头迅猛的金太阳。

2003 年，金太阳在常州及周边的苏南地区已经开设了 8 家连锁店。为了满足扩张需求，金太阳决定向南京市场挺进，并喊出了"再造南京价格低谷"的霸气口号。

这个口号明显带着对苏宁和五星的"挑衅"，但卧榻之下岂容他人酣睡？面对金太阳的猛烈进攻，五星和苏宁这对曾经的"老对手"默契地选择了联手抗衡、一致对外。为了率先抢占市场，五星和苏宁迅速加快了开店步伐。

2003 年 2 月 27 日，五星电器南京新街口旗舰店开业，与位于山西路军人俱乐部的山西路大卖场形成了夹击之势。与此同时，苏宁位于山西路的第一家 3C 电器商场顺利开业，与五星电器的山西路大卖场形成了既互相竞争又互成壁垒的状态。

除了形成规模优势外，他们还汲取了两年前在那场轰动一时的"广告战"中取得的经验，苏宁吸取了当时所采取的"硬碰硬"策略的教训，以出奇一致的回避态度应对了新店筹备期的金太阳高调摆出"价格低价"姿态，没有与金太阳产生任何正面交锋。在五星和苏宁的沉默下，原本准备打一场硬仗的金太阳就独自演绎了一场开业独角戏。

然而，就在新店筹备宣传顺风顺水的金太阳暗自窃喜，以为进驻南京市场已成定局之时，五星和苏宁突然发起了猛烈反击。金太阳开业当天，五星电器大张旗鼓地玩起了降价游戏，数款畅销电器降价30%以上，瞬间将南京家电降价促销活动推向了极致。与此同时，苏宁也在报纸上刊登出了整版降价广告，不仅同类产品价格均低于金太阳，一些小家电更是直接降至1元。

五星和苏宁的粗暴降价将原本想依靠价格优势在南京市场站稳脚跟的金太阳杀了个措手不及。在这场高调开场的市场抢夺战中，金太阳立马就败下阵来。更雪上加霜的是，由于异地开店，金太阳的物流、售后、服务均显滞后，客户投诉此起彼伏。

初入南京就痛遭鞭打，让原本意气风发的金太阳锐气大挫。自此以后，金太阳在南京市场一蹶不振，即便其后来重新开张时破釜沉舟，打出了电器低至"1毛钱"的口号，也未能挽回局面。更糟糕的是，在南京长期亏损的同时，金太阳原本坚固的常州"老穴"反而遭遇了五星和苏宁的围剿。最终，在"内外夹击"的局面下，金太阳彻底败下了阵。

这是五星打响的第一场南京市场保卫战。还没来得及喘息，第二场战役很快开始了。这次的进攻对象来头更大，变成了上海市场的龙头永乐。

2003年，在上海市场独占鳌头的永乐打起了南京市场的主意，一心想要挤进南京这块宝地。只可惜，"巧妇难为无米之炊"，叫喊着要在南京开店的永乐却始终没有选到合适的店面。

当时，为了迎战金太阳，南京市场的两大"地头蛇"五星和苏宁已经率先在南京的新街口、山西路两大商圈以及城南、城北、城东、城西和郊外的主要商圈广开店面。永乐不得不面临“高性价比店面要么被挑走，要么被哄抬价格”的尴尬局面。即便是 2004 年，接连亏损的金太阳有意放弃店面，永乐和金太阳之间也因为各种原因最终未能达成协议。

早年的家电业颇为崇尚跑马圈地，包括永乐在内的家电企业的“商业工具箱”最有用的工具就是圈地。此时永乐入场已晚，自然面对“无地可圈”的状态。没有合适的店铺，也没有出奇制胜的招数，雄心勃勃要进入南京市场的永乐就僵在了那里。

与金太阳的谈判失败后，喊了几年要来南京却只闻其声不见其人的永乐终于按捺不住了。为了尽快进驻南京市场，永乐降低要求，将店址选在了远离市中心的南京江宁区。为了迎战劲敌，五星和苏宁再次联手，在市区繁华地带的十几家门店齐齐打出了超低价格。最终，在五星与苏宁的低价攻势下，再加之店面过于偏僻，初入南京的永乐铩羽而归。

经过了这次失败尝试后，永乐依然没有死心——上海都拿下来了，还拿不下南京？当时，掌舵永乐的陈晓依然觉得自己可以进军南京市场，并将永乐的失败单纯地归结为了位置。

2005 年，在再次进军南京市场时，永乐经过多方寻找，终于在新街口外贸广场 2—4 层寻到了一处价格不菲的店面。只可惜，这个千辛万苦找来的店面，依然不符合消费者的消费习惯——由于不是一楼，消费者要进入店面，必须乘坐电梯。比起铺天盖地都是降价宣传的“大卖场”，这仅一层楼的高度阻止了南京人的脚步。

然而，即使这样的店面，永乐也没能如期在 2005 年的国庆节开业。因为早已对永乐充满戒备的五星和苏宁，已经赶在永乐打算开业的国庆前夕，抢先发动了大规模促销活动。就这样，两次鸡肋式的不成功开业，让永乐在南京折戟沉沙。强势攻守的五星，成功守住了南京市场的区域优势，稳坐第二的宝座。

汪建国就这样守住了南京这块“根据地”。

新理念："局部优势，区域领先"

大胆与谨慎，这两种看似有些冲突的属性汇聚在了汪建国一个人身上。从"家电精品商厦"到"家电大卖场"，这一转变的背后充分体现出汪建国在商业决策上的果决；但在五星电器的扩张战略上，汪建国却似乎过于谨慎，乃至有些保守。果断但不莽撞，这是对他更加精准的描述。

二十一世纪初的家电行业信奉"跑马圈地"，国美、苏宁两大巨头率先做表率，一面迅速扩张一面大打价格战，将全国的一级市场瓜分了大半。到了 2005 年，公开报道显示，国美在全国 99 个城市拥有 380 家直营店；苏宁在全国 83 个城市拥有 213 家直营店；永乐稍逊一筹，在全国 47 个城市开了 146 家店铺。

相比之下，汪建国带领的五星扩张速度则要缓慢许多。在接受采访时，他拿出了从南京发迹的朱元璋的名言来描述自己的企业战略：广积粮、缓称王。

当然，"缓称王"并不是"不称王"。所谓"不想当将军的士兵不是好士兵"，五星电器手握一把好牌，要是汪建国只盯着眼前的"一亩三分地"，那真的和"咸鱼"没什么区别了。"不安分"的基因早就刻在了他的骨子里，安于现状的做法显然不会在汪建国的身上出现。

从机关到国企，再带领国企改制为民企，"突破"是汪建国过去十年的人生主题。在企业发展上，他当然不甘心只开几家商店，收些散碎银子，带着一群手下当个南京当地大号的"土地主"。日子安稳，岁月静好，听起来似乎挺有诱惑力，但这终究不是汪建国的风格，事实上也始终没有成为他人生中的选择。

二十一世纪前后的中国家电市场，一北一南的国美和苏宁已经毫无悬念地成了整个市场的排头兵，上海起家的永乐和北京起家的大中也势头迅猛，而其他大中等"地方军阀"也有了不容小觑的实力。

看着同行们风生水起，汪建国自然也有了"问鼎"之心，关键问题在于，怎么样称王才不至于步子迈得太大，最终跌个跟头。作为后来居上者，五星要如何才能突出重围，在竞争日益激烈的家电市场开拓属于自己的一席之地呢？这是汪建国要解决的重要问题。

思来想去，汪建国拿出了他的解决方案：局部优势，区域领先。

"局部"是南京，"区域"是苏皖。正如此前提到的，通过"宣传战""价格战"等一系列战略，汪建国守住了南京市场，五星已经毫无悬念地坐上了南京家电市场前两名的宝座，"局部"层面的战略已经算是成功了。

而在深耕南京市场的同时，聚焦于苏皖地区的"区域领先"战略也在同步进行中。

1999年4月，汪建国在素有江海明珠、扬子窗口之称的江苏南通成功开设了五星电器的第一家综合连锁店——海安文峰连锁店，将经营品类从单纯的空调扩大到了冰箱、彩电等多种电器，这也是当时许多其他电器连锁品牌的常规打法。

这一次，汪建国将店铺开出了南京，而相较于此前专注于空调，家电种类也丰富了许多。这次的尝试收益不错，很快就让汪建国尝到了甜头。但从后面他的发展来看，或许这一次的尝试更为重要的结果是"家电大卖场"概念的出现。因为他逐渐意识到，综合电器连锁店将是未来的发展方向。说白了，当人们的收入水平提高后，物质追求基本是一个必然，再买家电时就不是按照"件"来计数，而是要凑齐整"套"常用家电。

于是，汪建国迅速将这种综合电器连锁模式向江宁等南京周边郊县、苏北等地复制。仅用了半年时间，五星电器在这些地方开设的家电连锁店就达到了近二十家。

在南京周边郊县及苏北等地密集布点取得了一定的"聚焦"效果后，汪建国的目光范围再一次扩大。首先是整个江苏省，凭借着南京及其周边布局的辐射效应，加上江苏省内除了南京外的家电市场尚且还不是一片红海，汪建国有信心把生意扩展到整个江苏。

除了江苏外，他还打算开辟安徽的市场——两省紧密相连，甚至在 2022 年新冠疫情时，互联网中还流传着一件逸事：安徽省马鞍山市政府提醒当地居民，南京属于省外。

一年之后，五十多家五星电器连锁店已在苏皖大地上呈燎原之势，其发展速度之快、覆盖面之广，令业界瞩目。尤其是在江苏，五星电器的网点密集度排第一，在大部分市场上的占有率也是第一，五星电器黄底绿字的醒目 LOGO 深入人心。

就这样，凭借着"聚焦和集中"战略，五星电器很快便称霸苏皖两省家电江湖。如果说五星电器从价值观上追随着朱元璋"广积粮，缓称王"的策略，那么在向外扩展以"称王"的方法论上，汪建国的做法更像是曾国藩的"结硬营，打呆仗"。从南京扩展到周边，再扩展到整个苏皖，五星电器稳扎稳打，步步为营。

类似的故事也会在汪建国后来的人生中不断上演。比起用"商人"这样的词描述他，"企业家"的说法应该更为精准。因为他不但在实操中屡屡获得不俗的战绩，同时在理论层面也有不少新观点，其中的一些新理念指导了当下的实践，收获了良好的效果，"局部优势，区域领先"正属此列。

成为区域性家电连锁经营霸主的五星也迎来了销售额的节节攀升。2003 年，五星年销售额约为 51 亿人民币；到了 2004 年，这个数字攀升到了 93 亿。在采访中据汪建国回忆，到了 2005 年，五星电器的体量大概是国美的三分之一、苏宁的一半。

而商务部的数据可能会让人对五星电器的发展产生更直观的认识。

2005 年 2 月，在商务部公布的《2004 中国商业连锁 30 强》中，五星电器以 83.7% 的增长速度名列中国家电连锁企业首位，发展速度远远超过了中国连锁企业发展的平均值。

古今中外，"前三名"夺取了人们最多的关注。科举制中除了"状元、榜眼和探花"外，第四名到第十名统称"进士出身"；奥运会里，奖牌也只有金银铜三块。第四名的位置有些尴尬，说高没有挤到前三，说低似乎也不妥当。

彼时的五星电器正好是继国美、苏宁和永乐后的中国家电业中的第四名。不过，这个第四名迅猛的发展速度还是引来了人们的关注，日渐爆火的五星电器让人们开始了解汪建国究竟是何许人。也是在这一时期，媒体对他个人报道的数量有了显著提升。

2004 年 5 月，央视牵头在武夷山举办了一个"生于 60 年代企业家论坛"。白岩松在论坛上有一段发言："如果要是跟一个时代谈恋爱，跟经济谈恋爱，跟一个大的利润谈恋爱，生于 60 年代又是一个年轻的群体"。[1]

那次论坛汪建国并没有参加，但他显然属于这个"跟大的利润谈恋爱"的"年轻的群体"中的一分子。他不但谈了，而且谈得很成功也很稳定，有着朝着结婚而去的架势。自改制民企六年以来，汪建国的"缓称王"非常成功，虽然还不是如同国美一样，成为力压同行的中国家电业的"大王"，但最起码也是称霸苏皖的"藩王"。

---

[1] 资料来源：沈天澜，胡艺. 武夷山挥洒如火热情——央视广告部举办"生于 60 年代企业家"论坛 [J]. 广告大观, 2004(06):116-123.

家电零售竞争白热化

2005年1月，45岁的汪建国来到了北京人民大会堂，从时任全国政协副主席的阿不来提·阿不都热西提手中接过了"2004年度中国最具成长性企业"的证书。这份沉甸甸的荣誉标志着五星电器的成功，同时也标志着"局部优势，区域领先"战略的成功。

不过，汪建国的"野心"也并不止于此。深耕苏皖六年，他有足够的信心，也有必要再往外走一走。

扩张的步伐从2005年逐渐开始。

2005年，就在强势崛起的区域性家电连锁企业纷纷觊觎南京，想拼命挤进南京市场分得一杯羹之时，在苏皖市场取得绝对优势的五星电器却动起了走出南京的念头。五星电器战车提速，发动了扩张以来最猛烈的一轮进攻，从区域连锁走向全国连锁。

2005年3月，五星电器中国家电群英会在河南郑州、浙江杭州和四川成都先后召开，这场汇集中原、华东、西南超过一千名家电制造业精英参与的家电盛会，标志着五星电器高调吹响了全国扩张的号角。

会议召开的三个地方正是汪建国下一步想要拓展的市场。也是从这时开始，人们逐渐意识到，汪建国征服星辰大海的野心正在逐步显露出来。五星电器冲破了区域性家电连锁的桎梏，摇身一变成为全国性的家电连锁品牌。

2005年3月17日，五星电器正式拿下郑州亚细亚商城。这家曾经在中国商战史上占据重要地位达 20 年之久的百货商场现在已经成为五星电器在中原地区的重要卖场；2005 年 6 月 25 日，五星电器进入浙江市场，杭州文三（路）店成为攻占浙江市场的桥头堡；2005 年 8 月 23 日，五星电器扩张之路到了遥远的昆明……

2005 年国庆，五星在全国的连锁门店数量突破了一百家，请来著名歌星莫文蔚助阵"百店庆典"。这一里程碑式的数字，标志着五星电器的战略模式从规模扩张转变为品牌扩张。到了 2006 年 5 月，五星电器在全国已经拥有了一百三十多家大卖场。

汪建国带领下的五星电器一直遵循着"先做强，再做大"的原则。他虽然雄心勃勃，但在扩展市场时并不莽撞，而是细致地决定每一次扩展的落脚点。他充分了解当地市场，充分考虑自身经营能力，同时也充分考虑是否能尽可能避开和苏宁、国美的拼杀，然后才迈出自己的步伐。

在 2005 年接受媒体采访时，汪建国不再用"局部优势，区域领先"来描述企业战略。而是改用了一个更加霸气的战略："聚焦江苏、覆盖华东、辐射全国"。从 8 个字变成了 12 个字，这 12 个字充分展示他对于全国市场的野心。

但需要说明的是，无论从他自己在媒体的表态还是他此后在商业上的表现来看，汪建国并没有和国美、苏宁一较长短的心思，反而尽可能地避开"美苏两强"，无论是对于京津市场的抗拒，还是深耕二、三级市场，都能充分体现他的心思。

在接受采访时，他还用沃尔玛与凯马特的例子来说明五星电器在圈地上虽不如国美和苏宁，但并不意味着自己就是失败。因为沃尔玛虽然比凯马特晚发展好多年，但此时却已经取代凯马特，成为全球最大的连锁巨头。无论地圈了多少、店开了多少，最终还是要回到经营如何、效益如何的问题上，这是汪建国一直以来就有的清醒意识。汪建国常举的这个例子中的凯马特，在之后间接给五星电器进行资本运作时造成了阻力。

无论汪建国怎么避免和国美、苏宁的正面交锋，随着一级市场逐渐被几个家电大佬"瓜分"殆尽，交锋最终难以避免。

随着家电业的爆火，竞争也变得极为激烈。家电行业成为当时的红海市场，还是红得发紫那种。汪建国在接受采访时回忆："行业太热了，红得发紫，光是南京新街口就有6个家电卖场，整个南京市郊县还有六十多家，竞争都不能用白热化来形容了，简直是烈火烹油。"

6个卖场挤在了新街口，如果其中几家再用音响来进行降价宣传，其喧闹程度可想而知。从这个角度来看，用"家电大卖场"而非"家电精品商厦"来形容店铺简直再合适不过了。毕竟人们很难将吵闹得如同菜市场一般的地方贴上"精品"的标签。

但家电业爆火的背后也暗藏着"危机"，这也是包括五星电器在内的家电企业不得不面临的问题。

首先，作为家电零售商的拿手策略——价格战本身就有很大的问题。在生产力水平没有突飞猛进发展的情况下，指望通过降低生产成本本身就是无稽之谈。所以，家电越来越低的销售价格并不是因为生产成本的降低，而是供应商承担了亏损。

由于家电零售商们把控着产品销售的渠道，上游的供应商不得不交高额的入场费，并且在商品销售后还要给零售商返利。2004年格力公开与国美交恶，随后退出了国美的门店，正是源于格力对于这一现状的不满。

在这种情况下，零售商的盈利来源并不是消费者，而是上游的供应商，这也是零售商敢将商品以进货价甚至比进货价还低的价格卖出去的原因。以至于当时同行间会派人去对方门店"刺探情报"，打听商品的售价，只要比自己低，然后跑回到自家店铺将同样的商品修改为最低价。据媒体报道，价格标签"一天能换十几回"。

对于供货商的"伤害"成为行业中普遍存在的现象，以至于商务部在2005年发布了《零售商与供应商进货交易管理办法》，专门对"进场费"、账期、定价权等敏感问题作了详细规定。但从当时媒体的报道和供货商的反馈来看，管理办法的效果似乎并不如预期，有行业人士在接受采访时说："制定了规则，但是大家不遵守，而且违反规则没有代价，怎么可能会有效果。"[1]

其次，大规模的扩张也带来人员上的匮乏。人才培养需要周期，门店店长更是来之不易。而零售商以每天两家店的速度扩展时，人员的缺口问题就显露出来，成为当时家电行业里一个重要的问题。

最后，家电本身有耐用品的属性，很多人家的一件家电用了十年以上也不用更换。21世纪初，人们掀起了购买家电的热潮，就意味着在2005、2006年很多家庭不可能有更换家电的需求。于是就会出现包括北京在内的众多家电市场里，销售人员比顾客还多的情况。

一切的变化都预示着同一个事实：此前家电业野蛮扩张的时代一去不复返。在这种情况下，国美、苏宁开始进军资本市场，并于2004年和2006年分别上市。汪建国同样想让五星电器开始资本运作，但最终棋差一着，只能退而求其次，寻求和百思买的合作。

---

[1]资料来源：《家电连锁进场费重压供应商 卖100只能拿70》，IT时报，2011.5.23

五星电器的经营策略

在人生选择中，汪建国往往不走寻常路，无论是离开机关还是将国企改制，他都坚定地走了下去。而在五星电器的经营上，汪建国同样也找到了属于自己的独特发展路径，这也成了五星可以在一众竞争者中脱颖而出，最终做到了行业老三的位置。

首先，五星电器在扩大投资与经营范围方面保持着出奇的克制。彼时的苏宁、国美和永乐都以家电起家，但却纷纷将触角伸到了其他行业：国美开始投资地产，苏宁的商场里卖开了百货，而永乐也进军家居零售。

在接受采访时，汪建国却十分坚定要做家电零售："五星电器只做家电零售，不涉及投资其他行业，这是专一化经营。我们目标就是打造最优秀的家电零售商，不但要做好，更要做长久。"

我们可以将汪建国这一行为归于他一直以来的谨慎。更精确地说，是源于他对自己、对五星、对行业乃至对当时中国商业情况的充分思考。

想要拓展业务，资金是一个绕不开的话题。投资要钱、进货要钱、铺货要钱、开店要钱……甚至在当时价格战成为家常便饭的情况下，售卖商品也得要钱：门口的面馆还知道刚开业买一碗面就送颗茶叶蛋，这么大个五星电器要开新业务，不把价格降低，多少显得没诚意。

除了钱之外，人也是问题。一方面，经营新的业务需要专业的人才。市场竞争如此激烈，没有被伯乐发现的千里马越来越少，你想当伯乐，就必须比其他人付出更大的诚意，这又回到了没钱的问题上。另一方面，如果真的要扩大售卖商品的种类，那么也需要招聘一批店员，这同样也是一个人力缺口。

当时的汪建国正在拓展全国市场，缺钱也缺人，如果真的要把手伸到家电行业以外的领域，无疑是给五星电器平添一大块负担。况且，这些新的投资方向还未经过市场检验，一旦弄不好，资金链断裂，本来拥有的家电生意可能也要跟着受影响。因此，汪建国才决定继续全身心地投入到家电零售的生意，不在其他领域分心。

其次，在家电行业大打价格战时，汪建国努力压缩运营成本。具体做法为：第一，加强企业文化的建设，号召员工帮助公司降低成本；第二，坚持精细化管理，"向管理要效益"。

汪建国在机关工作长达十年，后来又在国企里工作了六年，因此他深知"思想建设"和"文化建设"的重要性，甚至认为"降低成本首先就要加强企业文化建设，通过企业文化建设强化执行力"。

他的文化建设方法也很简单，就是不断强调节俭的重要意义，通过反复地强调和以身作则，"将企业文化渗透到企业的各个环节，让每个员工都形成强烈的企业文化意识"。

当然，他同样深知文化建设很容易滑向"面子工程"，变成公开说一套，平时做事又是一套，那同样没办法让员工们真正把"节俭"的作风落到实处。因此，他不但要求每个员工做每项工作时都要达到最低成本，还将这些浮在浅表的道理具体化。比如，在五星电器办公室，常常会看到这样一些"告示"：假如每人每天节省一个纸杯，整个公司一天就能节省4800元，一年就能节省一千七百多万元；假如每人每次打电话能节省一毛钱，整个公司……为了让文化建设真的有效，汪建国可谓是煞费苦心。

省下一些纸杯、减少一些花费，积少成多固然有用，但如果降低成本只靠着这些做法，那么起到的效果一定是杯水车薪。他需要"更大的节俭"，而这就是"精细化管理"。

在经营五星电器时，汪建国经常会说这样一句话："我们向管理要效益，仍然可以有所作为。对于流通企业来说，向管理要效益才是根本的出路。因此，我们必须把粗放型管理变为精细化管理。"

他提倡让有限的资源发挥最大的效益，每一个经营环节都要节约成本，各个方面都要开源节流。管理到位了，成本自然就会降下来。对各个连锁店的管理，他坚持既控制又灵活的原则。在采购、资金、人员和经营模式上，实行全公司统一；在具体的营销方法上，允许各分店根据当地的具体情况，制定符合本地区消费习惯、消费特点的"地方政策"。

抓大放小，是汪建国一直以来的管理策略，甚至称之为"领导艺术"也不为过。这种管理方法能让连锁店免去不必要的资金支出，把钱花在刀刃上。必要的开支没少，经营的质量就不会下降；不必要的开支减少了，成本自然得以压缩。

当然，企业的竞争也是人才的竞争，一支高水平的队伍同样对于一个企业而言有着关键的作用。

汪建国经常会在公开场合讲这样一个故事：有个厨师有一道名菜，就是把鱼鳞剥除以后，在肚子上划几道，拎着鱼头和鱼尾往油里一炸。吃的时候鱼肚子的肉熟了，但鱼的尾巴还在翘，眼睛还在动。有人研究是怎么做到的，有的猜可能是他的刀法好，有的说是炸的时候火候掌握得好，但实际上最根本的是选鱼。他做鱼都是自己亲自挑，鱼选得好，品种选得好，最后才能出来这个效果。

从这个角度看，汪建国在"选鱼"上十分合格。

汪建国五星电器的班底产生于当年的五交化，从企业的创始人到老员工，个个都是身经百战，以一当十的"精锐部队"。前文曾多次提到的五星电器创始人之一的王健，曾经就是江苏省商业厅人事处副处长，1998 年下海，参与了五星电器的组建，出任常务副总经理。从 2001 年开始，他负责搭建五星零售体系，并兼任五星第一家卖场山西路卖场总经理，此后参与了五星电器各项重要事务的决策，对五星电器的发展立下了汗马功劳。

值得一提的是，汪建国对于人才的重视延续到了此后的创业中。王健在 2013 年继续"入伙"汪建国的公司"五星控股"，再度和汪建国联手打下一片江山。

当然，如果用"上帝视角"来看这段时间五星电器的种种策略，影响最大的当数汪建国的"客户思维"，这也是他未来创业成功的关键。

2004 年，五星电器南京建宁路卖场开业。和其他卖场不同的是，汪建国在卖场中建了四套样板房，里面全都用家电装配起来，他就此展示了"集成家电"的概念。所谓"集成家电"主要是两个意思：第一是家电与家居的整合；第二是家电自身的整合。而样板房就是为了对这两者进行直观地展示。

"集成家电"的背后既有前文曾经提到的汪建国对于当今居民生活水平提升、商品购买力增强以及对生活品质追求提升大趋势的掌握；更是一种"客户思维"，从客户角度出发，设身处地为他们着想。

家电毕竟是一个大件，普通百姓买之前总是要货比三家，反复思考，这一点在现在仍是如此。而五星电器的样板房里面将家电和家居一起摆了进去，整体风格、预留空间等一系列让消费者困扰的难题就此迎刃而解。

五星电器的起名初衷就是要用五星级的标准服务顾客，显然它在汪建国的带领下做到了。当然，你把顾客当上帝，顾客自然不会辜负你，此后南京建宁路卖场成了五星电器最火爆的几个门店之一。而为顾客着想的商业理念，也越来越在汪建国的心里生根发芽。

不过，五星电器的发展之路并非一帆风顺。市场逐步饱和和同行间的激烈竞争是汪建国不得不面对的问题。而在此时，他在资本运作时却棋差一着，在后来接受采访时，他将之称为"历史性的错误"。

第四章

上市梦碎，"牵手"百思买

　　五星电器与百思买刚刚牵手，公开或不公开的接触有很多。但不论其中的细节，结果一目了然，就是汪建国明确了当前五星电器的两大任务：第一，整合门店，提高单店利润；第二，向家电零售市场的"潜规则"发起挑战。

家电零售业爆火之后

表面上看，家电行业似乎风光无限，毕竟家电商场在全国的一级、二级市场里遍地开花，从横幅到喇叭，全都在向消费者展示着价格有多低廉。2004年，国美创始人黄光裕成为当年胡润百富榜之首，更是让人们觉得家电行业前景一片大好。

不过在一派红火的景象背后，家电零售行业实际上有着自身严重的危机。

经济学家郎咸平曾经对当时家电零售业的普遍发展模式进行了总结：首先，企业要尽可能地压低上游供货商的价格，以此在上游降低自己的成本；其次，以低廉的价格吸引消费者，同时用价格战的方式对抗同行竞争者；再次，利用缓期付账的方式占用供货商的货款，以此获得大量周转资金；最后，再用这部分周转的资金扩张门店或是对其他行业进行投资。

在这种情况下，零售商的盈利来源并不是消费者，而是上游的供应商。郎咸平将盈利的方式概括为两种："类金融"模式和非主营业务盈利模式。

所谓"类金融"，指的是家电零售商通过缓期支付供应商的欠款，然后将这部分资金供自己使用，通过扩张门店或对外投资的方式盈利，就如同银行一样。据当时的媒体报道，国美的延期支付时间达到了6个月之久。当然这么做的不止国美一家，而是行业内部的普遍行为。

而非主营业务盈利指的是零售商通过进场费、管理费、上架费、展台费……各种各样的"返利"来获得利润，并不主要以出售商品来盈利。这也是零售商敢将商品以进货价甚至比进货价还低的价格卖出去的原因——反正赚钱的关键不在消费者，而是在上游供货商。于是就出现了一个诡异的局面：家电零售商卖上游供货商的货，还要赚着供货商的钱。数据显示，2004年，国美短期负债/流动资产达到了70.88%，而海外行业平均则是42%。

这两种行为对于供货商而言都有着严重的"伤害"。正如当时媒体所报道的那样："大型连锁渠道不仅套牢了家电企业的大量资金，掌握了家电企业的产品定价权，还逐渐控制了家电企业的盈亏底线和生死权。"随之而来的就是上、下游间的关系日益紧张，以至于商务部在2005年发布了《零售商与供应商进货交易管理办法》，专门对"进场费"、账期、定价权等敏感问题作了详细规定。

但从当时媒体的报道和供货商的反馈来看，管理办法的效果并不如预期，有行业人士在接受采访时说："制定了规则，但是大家不遵守，而且违反规则没有代价，怎么可能会有效果。"

需要指出的是，上面提及的"四个发展步骤"带来的"两大"盈利模式实际上构成了一个恶性循环。当零售商利用延期支付的资金扩大自己的经营规模，同时用低价吸引消费者并以更低价挤走竞争者时，零售商就占有了更多的渠道。而新开的店铺也可以以抵押的方式获得银行的资金，随后再度将资金用于扩张中。

这意味着在和零售商谈判时获得了更大的议价权——渠道都在人家手里，想卖货，自然要遵守人家的规矩。于是相伴而来的就是更多"巧立名目"的"苛捐杂税"、更长时间的延期支付和供货商更大的运营压力。

供货商毕竟不是可以随便"薅羊毛"的羊，"类金融"也不是金融运作，更像是游走在灰色地带的行业默契。任何一个家电零售商都知道，这种办法不是长久之计。但就如同饮鸩止渴一样，当事人常常知道自己喝的是毒酒，但是比起立刻渴死，一口毒酒喝下好歹还有些转折的可能。

在家电零售业里，"压榨"供货商以获得周转资金和非主营业务盈利就是"鸩"，而这杯毒酒则是为了解决市场白热化竞争的"渴"。

在 2005 年前后，国美、苏宁、五星和永乐占领了家电零售业的前四强。其中，国美、苏宁的体量相较后两者又要大上许多，因此被人戏称为"美苏争霸"。但冷战时期的美国和苏联象征，尚且碍于对方拥有核武器，因而保持着基本的克制，即使在古巴导弹危机的紧张时刻也不曾引发全面的热战。而国美和苏宁这两家零售商的争夺，看起来却更加的险恶。

当然，五星和永乐也参与了这场家电零售的"大战"，比起"美苏争霸"，或许用"全面混战"来说明这种局面更加贴切。

一方面，为了跑马圈地，零售商都尽可能地开设更多的线下门店，在全国的一、二级市场完成布局，其中国美、苏宁尤甚。2004 年，国美和苏宁在广州天河北路开店，两家店铺相距不足百米，比起此时快餐店和饮料店的密度还有过之而无不及；2005 年，国美在南京市苏宁总部的门口开店，这种带着挑衅意味的行为迅速引发了两家激烈的"厮杀"，刚开始或许还有抢夺客源的想法，但后来的目标就慢慢变成对付对方，即便阵地战输了，也要出上一口恶气。

另一方面，在圈地结束后，为了击垮对方，几家都以价格战的方式抢夺客源。无论是占领商业阵地还是低价占领市场，这两种商业打法在现代商战中都非常常见，仅从方法上来看没有什么新鲜之处。但市场竞争如此激烈，甚至到了"贴身肉搏""你死我活"的地步，却的确不多见。而这造成的结果就是"饮鸩止渴"：为了占领地盘和吸引顾客，其中的消耗不得不让上游供货商埋单。

如果"饮鸩止渴"只是一时，虽然对身体有害，后期还有调整的余地。对于供货商来说，如果一段时间的投入可以让零售商在后续给出足够的补偿，这买卖自然也不算亏。但旷日持久的竞争早已让供货商吃不消了，都在心中憋了一肚子怨气，早就想冲着零售商们一顿发泄；即使真心想继续此前的模式，供货商手上也没有继续的资本，他们已经耗不起了。

零售商曾经的打法都是利用延期支付的大量资金迅速扩张，获取一部分收益并更进一步把握销售渠道，然后再从供货商那里获利，这其中以国美尤甚。这种"以战养战"的办法随着供货商难以提供足够的"军粮"而告终。别说开辟新的战场，缺乏"军粮"的零售商就是维持现有的战场优势都是个难题。

没有了供货商这只"肥羊"，零售商不得不去寻找替代方案，来弥补这个资金上的缺口。而办法就是将企业交给市场，从"类金融"变为真正的资本运作。上市，成了零售商们的共识。

家电零售企业的上市潮

家电零售商之所以要上市，其目的在于弥补巨大的资金缺口。更准确地说，这背后来源于零售商扩张时存在的两个问题：第一，扩张门店时需要大量的资金；第二，新的门店带来的利润并不能迅速弥补资金缺口。

郎咸平曾经给当时的国美算了一笔账。国美新增一家店需要四千万元左右资金，如果每年以 300 家店铺的速度扩张，那么一年大约需要一百二十亿左右的资金支持。但以 2004 年国美资产负债表上的数据来看，包括现金和现金等价物，其总额是 15.65 亿元，远远小于所需要的资金。而即使加上占用供货商货款所带来的资金，在 2005 年国美一家新店所要付出的净资产仍然高达 500 万元。[1]

当然，和国美一样，"美苏两强"中的另一家——苏宁也同样走着野蛮扩张的路数。张近东 2006 年的公开表态是一个非常好的例证。

2006 年 10 月，国美并购永乐，线下门店达到了八百多家。受此刺激，张近东在当年 12 月公开表态："2006 年，苏宁以 1.5 天开一个店的速度在全国开店。将保持每年 200 家的速度开店，到 2010 年开出 1200 家店。"不过有文章指出，相较于国美，苏宁和上游供货商的关系似乎更为融洽，当格力一怒之下将商品撤出国美店铺时，苏宁迅速联合国

---

[1] 郎咸平.国美苏宁玩转资本 [J].资本市场,2013(07):58-78.

内空调厂商搞了一次大促销。

细节或许有所不同，但总体来看家电零售商们从模式到打法，终究是共性大于差异。大幅扩张并非在 2006 年才开始，而是从 21 世纪初一直在进行。缺钱成了国美、苏宁、五星和永乐共同的问题，而且是一直就有的问题。在这样的情况下，这几家公司纷纷选择了资本化运作的上市之路。

在几大家电零售的巨头里，国美最先开始了资本运作。1996 年，对资本市场尚不熟悉的黄光裕第一次踏足香港，见到了有"金牌壳王"之称的詹培忠。[1] 2002 年，在经过伪造文书罪、贿赂选民罪的处罚后，詹培忠重出江湖，随即开始布局国美的上市之路。

首先，黄光裕通过名下公司向詹培忠买"壳"，最终取得了"京华自动化"74.5% 的股权。在取得其控制权后，黄光裕又开始将地产相关的资产装入其中，并改名为"中国鹏润"。

2004 年 6 月，国美的线下门店已经达到了 131 家，但是其中部分门店存在开设时间短或经营表现不佳等问题。黄光裕对国美进行了重组，将北京、天津、深圳、成都等 22 个地区的 94 家"表现"较好的门店注入上市公司中，完成了"借壳上市"[2]。

完成"借壳上市"的国美门店规模迅速扩张，国美电器的直营门店达到了 200 家。而同样是这一年，黄光裕的资产突破 100 亿元，问鼎内地首富。

当然，除了国美外，其他的家电零售巨头自然也不甘落后。2004

---

[1] 詹培忠，籍贯为广东潮州市潮安县，从小生活在香港。23 岁开始涉足金融业，因操盘佳宁股份，导致其股价从 1 元升至 17 元而广为人知。此后，詹培忠开始从事"壳"生意，买卖大量"壳"公司，因此又被称为"金牌壳王"。

[2] 所谓"借壳上市"，指的是一家私人公司通过把资产注入另一家市值较低的已上市公司，也就是"壳"当中，从而得到该公司一定程度的控股权。通过利用上市公司的地位，使母公司的资产得以上市，进行资本运作。

年7月，在国美"借壳上市"仅一个月后，苏宁电器就在深交所上市。与国美不同，苏宁采用IPO的方式完成了上市，也自然而然地成了"中国家电连锁企业A股IPO第一股"，这也是在两年后面对国美并购永乐之后的重要决定。

2004年，永乐距离被国美收购还有两年的时间，它与五星是当时继国美与苏宁两强后，家电零售巨头的"第二梯队"。2004年底，永乐成功引入美国摩根士丹利战略投资，随后于第二年10月在香港完成上市。

相比其他三家，同为家电零售行业龙头的五星电器却没有上市成功，以至于汪建国在接受采访时称之为"历史性的错误"。没能上市的原因很复杂，归结起来主要有外部和内部两大因素。

就在国美和苏宁上市的2004年，五星电器的经营效益也非常好，甚至成了"2004年度中国最具成长性企业"。此时的五星电器风生水起，自然有不少投资机构来找汪建国，希望帮助五星进行资本运作，其中也不乏顶级的投资机构。

但汪建国的"完美主义"却让他错失了这次机会。一方面，当时的公司"如日中天"，相比国美快速扩张所带来的各种问题，稳扎稳打的五星在资金上的紧张程度要相较国美小很多，即使不进行资本运作也不会产生太大的亏空。另一方面，也是更为重要的，汪建国深知一旦开始了资本运作，公司运营势必要受到外界的影响。他希望先把事业做好，再去思考上市的问题，但当他有上市这个想法时，却为时已晚。

有数据显示，2005年是五星电器有史以来扩张规模最大的一年。五星电器旗下门店从50家扩大到136家，而且整年的营业额近7亿美元，比上年增长超过50%。也是在这一年，受到凯马特倒闭的影响，国家几个部委联合发布文件，强调要警惕连锁企业可能存在的各种风险。

一边是公司扩张需要大量资金，一边是手上还有债务，汪建国意识到了进行资本运作的必要性，于是开始寻找合作伙伴，但"已经有些被动了"。

此时的五星选择了世界银行作为投资机构，而这又是一个失误。当时的汪建国被世界银行没有对赌条款这一优厚的条件所吸引，但却忽视了世界银行的性质是官僚机构。"官僚机构更慢，而我选择的又是红筹股，所以后来就遇到了国家的外管政策：红筹股在境外上市要受到很大限制，要审批，于是又耽误了。" 2005 年 1 月，国家外汇管理局发布了《关于完善外资并购外汇管理有关问题的通知》，彻底堵塞了五星的上市之路。

因此，五星电器最终没能完成上市计划。

正如在《刚正面》中采访汪建国的李志所总结的那样："资本想让你快速扩张，哪怕有问题，也能在扩张中自我消化解决。"经此一役后，汪建国也逐渐对资本市场有了自己的理解。

他用谈恋爱和结婚的关系来描述资本运作。如果将上市比作结婚，那么此前必须要有"谈恋爱"的时间。而当时的汪建国就忽略了"谈恋爱"，等到想要结婚时已经来不及了。

吸取教训、知错能改，一直是汪建国身上的优点。这个教训他一直记在心里，在此后的创业中，他找准时机就和资本"谈恋爱"，至今已经修成了两段"正果"，孩子王和汇通达都已经完成了上市。

但此时木已成舟，缺乏资金的五星电器不但少了和国美、苏宁"掰手腕"的资格，同时也开始面临和当年国美一样资金不足的窘境。在这种情况下，百思买入局了。

百思买入局

百思买的前身是 1966 年理查德·舒泽在明尼苏达州创办的"音乐之声"，主要售卖音响设备。后来更名为百思买（Bestbuy），经营范围也扩展到消费电子、家居办公用品、电器、娱乐软件等相关产品，同时也提供相关服务。2002 年前后，风头正盛的百思买收购了加拿大未来店（Future Shop），首次挺进国际市场，并且获得了极大的成功。

正是在这种情况下，百思买动了拓展海外市场的念头，而这一次他们盯上了中国市场。

2003 年，百思买进入中国市场，并且在北京、上海和深圳开了三家全球采购办公室。但与百思买中国区主席所表现出的对于开拓中国市场的巨大热情不同的是，实际上百思买在中国只做了一些采购的业务，直到 2006 年才耗资 2.5 亿元，在上海徐家汇开了第一家门店。

当然，百思买并非雷声大雨点小，而是想要复制加拿大的经验，通过收购当地的知名品牌从而打开市场。在这种思路下，吕维民带着团队考察了中国头部的几家家电零售企业，几经思考后决定选择五星电器作为自己的合作伙伴。

选择五星的原因有很多。首先，五星电器的规模足够大、口碑足够好，2003 年和 2004 年的五星虽然是中国头部的家电零售企业，但又不如当时的国美、苏宁和永乐稳居中国前三，这个体量非常合适。其次，彼时的五星战略重点在于二、三级市场，和把重点放在北上广深等一线大城市的百思买能够优势互补。此外，五星电器的经营理念、企业文化等各方面也让百思买非常满意。

不过，最终促成这次收购的最重要原因则是五星电器上市失败，面临资金上的问题。

从 2004 年开始，百思买已经开始和五星电器有所接触。初时汪建国并没有太多热情，既是因为当时的五星尚且没有面临资金上的窘境，也是因为最初百思买的收购方式所致。

有相关报道称，在刚开始谈判时，百思买主张以净资产和市盈率作为评判标准，计算收购资金。而对于中国的家电零售企业而言，资金大多数都用于流通，以沉淀下来的净资产来计算自然不能让五星电器满意。此外，有传闻称，最开始百思买希望完全拿下五星电器 100% 的股份，这自然也让一手缔造五星帝国的汪建国无法接受。

股权一直是汪建国不愿意妥协的地方，股权计算、经济效益、自主权利等都是他所考虑的，但除了这些理性的考量之外，感性上的不舍也非常重要。根据媒体的报道，汪建国曾公开表达过这种不舍的情感："这种不舍很大程度是出于情感的角度，自己对一手创建的企业付出那么多心血，很难割舍。"

但最终形势比人强，时间到了 2005 年，由于上市受阻，五星电器面临着融资上的问题。此时的百思买则是全球最大的家电连锁企业，年销售额超过三百亿美元，在全球开设的连锁店也有一千家左右。同时，百思买也在不断与五星电器进行沟通，收购的意向日渐达成。

不过一向谨慎的汪建国在这次收购中自然也是拿出了十二分的小心。在完成收购前，汪建国拜访了好几位合资企业的老总，从这些人的经验中取经。而这些拜访活动给他留下的最大感触就是要和收购方协调好决策问题，说白了就是要讲清楚究竟是"谁说了算"。

许多外资企业完成并购后，自认为更了解行业和市场，于是不顾被收购企业的反对做出了一些自认为正确的决策，将海外的一些经验强行运用于中国市场中。最终的结果自然是以失败告终。

因此，在收购条件中，汪建国特意向对方强调了"自主权"的重要性。有一句潜台词他没有讲：比起百思买的下属，五星电器更希望成为百思买的合作者。百思买提供资金以及各方面的先进经验，而五星电器则以亮眼的成绩让百思买不后悔收购的决定。

在谈判时，他同意将股权卖出这个硬性条件，同时也列举了三条自己的底线：第一，要保持五星电器的品牌不变；第二，原管理团队保持相对稳定的操作；第三，坚持本土化运作。[1]

打一个不恰当的比方，这就好比在饥荒年代一个家庭没办法自己将孩子养活，不得已找了个"洋大款"，将孩子过继给人家。但是过继也可以，有几个原则是必须得讲清的：首先，孩子的姓名不能变；其次，在进行抚养时也主要由本家来。而涉及孩子的教育问题，也要继读四书五经，学传统文化，不能张嘴闭嘴全是英文。当然，偶尔吃西餐，学外国优秀文化，本家自然也支持，毕竟一切的努力都是让孩子能在灾年过活，未来也有不错的发展。

面对五星电器的要求，百思买自然没有不同意的道理。一方面，汪建国的能力大家有目共睹，在电器零售这个红海中杀到第四，直逼第三，其水平毋庸置疑。从百思买中国区负责人吕维民到百思买的创始人兼董事长理查德·舒泽，都表达了对汪建国本人以及当前五星电器的欣赏。

另一方面，百思买和加拿大未来店的合作其实就是相同的套路，百思买提供先进的经验、优秀的管理人员等未来店不具备的东西，同时继续保持着未来店的名字不变。同时，百思买也进军加拿大市场，只不过定位与未来店有所不同，这也有效避免了两只手打架的尴尬局面。

百思买在中国也想复制加拿大的成功经验，保持双品牌的战略，两条腿走路。为此，百思买专门聘请了一家加拿大的咨询团队，经过几个月的调研和分析，给这两个品牌在中国的市场明确了分工：五星

---

[1]周一.五星电器为何卖给Best Buy[J].中国企业家,2006(14):64-66.

电器继续保持自己在下沉市场的优势，同时将瞄准新白领和新小康；而百思买则走更高端的路线，年轻白领等精英群体都是它的用户目标。

万事俱备，就等汪建国最终拍板。曾有媒体报道说，为了让汪建国可以相信百思买会尊重他提出的三条原则，理查德·舒泽亲自出面找到了汪建国，告诉他在中国市场上的具体操作一定会让他做主，由他说了算。同时保证，如果有任何对于百思买的不满，那么可以找自己。

事情到了这一步，汪建国的担心渐渐消除了。五星电器马上就会迎来自五交化改制后又一次重大的变革。

"牵手"百思买

2006 年 5 月 11 日，百思买和五星电器达成协议，百思买以 1.8 亿美元，相当于 9.45 亿人民币控股五星电器。其中，1.22 亿美元作为新注册资本，拿下了 51% 的股权；而剩下的 0.58 亿美元，则用于门店扩张、基础设施建设等支出。次日中午 1 点，双方合资的消息通过五星电器门店的视频系统向全体员工发布。消息一出，顿时迎来了无数人的关注。

自国美的黄光裕 2004 年登顶中国首富后，家电零售业从来不缺大新闻。五星电器作为中国家电零售行业的龙头，其行动自然受到多方关注；百思买则是世界范围内家电零售业的龙头，关注度比五星只多不少。

20 世纪初的中国企业家正是"师夷长技"的时候，百思买进入中国后，包括汪建国在内的家电零售业大佬基本都去拜访过，其中不少人也去过百思买在美国的零售店。与其说是拜访，倒不如说是"朝圣"，毕竟人家几十年前就开始玩零售了，说是这一行的祖师爷也不为过。而这次世界行业老大和中国行业老四强强联合，这噱头已经不亚于彼时一个卖电器的成为中国首富。

在百思买的加持下，五星电器顺理成章地成了中国家电零售业的老三，仅次于国美、苏宁。而据媒体报道，五星的大动作也引来了中国其他家电业大佬的注意。甚至有消息传出黄光裕、张近东和此前行业老三永乐电器的创始人陈晓聚在了一起，"密谋"对付这个找到外援的老对手。

但无论如何，五星和百思买的联合大业还在如火如荼地进行着。5

月 16 日，五星电器的高管们与远道而来的百思买团队在南京希尔顿饭店见面，双方握手的那一刹那，注定了五星电器此后的发展将有所不同。随后，五星电器董事会迎来了大换血，除了董事长兼总裁的汪建国外，其余的五星高层都离开了董事会，取而代之的则是百思买派来的几个人，其中也包括在收购五星中起到关键作用的百思买中国区负责人吕维民。

但整体来说，"不变"还是要多于"变"。公司的名称没有变，主要负责人没有变，说了算的老大也还是汪建国……甚至连员工的工资也没有什么变化。百思买履行了自己的承诺，给了汪建国和五星老团队足够的自主权，大战略上不做干涉；而五星电器想要获得何种提升，百思买也会全力支持。对于这种行为，彼时的媒体称之为"自助餐式"干预方法——五星想要什么，想要多少，百思买按需提供。

从这个角度看，比起"收购""买下""易主"等词语，或许"牵手"这个词最能描述五星和百思买合作的现状。没有单方面的咄咄逼人，也没有完完全全的撒手不管，而是依照五星的需求提供指导。两家优势互补、互利共赢，像极了理想中情侣的样子。这种健康的合作关系让两家初期的合作非常顺畅。汪建国对这次"牵手"非常满意，同时也意识到了自己下一步应该做什么——把百思买好的东西转移到五星来。

在一次采访中，汪建国曾明确表示："随着企业的进一步扩张，客观讲五星电器的资本和管理已成为企业进一步发展的瓶颈。五星电器必须作出重大选择。简单的选择我们可以引进财务投资和上市，我们也知道家电连锁企业表面上看是资本的较量，但从实质或长远看应该是一个综合实力的竞争，包含着资本，更包含着管理。"随着百思买注入资金，钱的问题可以暂时缓解，而下一步则是优化管理。

善于思考和勤于学习一直是汪建国的优秀品质，对于企业管理他早已有过思考。1998 年，五星电器刚刚成立时，汪建国就亲自挂帅，进行 ERP 改造，很多人在当时根本没有听说过这三个字母。凭借着多年一线实操经验，他最终完成了 ERP 改造，实现了所谓"三整合"：

业务和财务的整合；门店销售和物流配送、售后服务的整合；销售人员考核和客户管理的整合。

而汪建国对百思买的管理能力也有着充分的信任。他曾经参观过百思买的门店，比起资金实力和规模优势，更让他感到震撼的是百思买的管理模式。一向"抠门"的理查德·舒泽早在1990年就花大价钱引进了IBM的信息管理系统，公司的存货管理水平也因此提高。而在对待员工的态度上，百思买将员工视作公司发展的引擎，鼓励员工相互交流，畅谈己见。类似管理上的先进经验还有很多，百思买凭借着这些优势成了全球第一。

对于五星来说，无论是管理还是其他方面，百思买毫无疑问都是一位名副其实的"老师"。毕竟人家的资质摆在那里，想不服都不行。在这种情况下，一向好学的汪建国自然不会放弃这个来之不易的机会。

一方面，五星电器积极请百思买从总部抽调人才，给公司的骨干进行培训。2006年8月，距离"牵手"成功刚刚过去不到三个月，百思买国际零售运营高级副总裁Paul就跑到了中国，将五星店长级以上的管理人员聚到了一起，从"如何跟客户打招呼"到"如何给产品定价"，讲授提高门店利润率的技巧。

另一方面，汪建国也亲率团队去美国百思买取经，实地探究这家全球第一的企业的成功奥秘。2006年7月，他跑到了美国体验并参与百思买的采购谈判，随后去加拿大考察未来店的经营策略。10月，几乎所有五星的高管集体出动，奔赴位于美国明尼阿波利斯的百思买总部接受培训。五星企划中心总监景星接受采访时表示，这次培训带着两个重要的任务：第一，学习百思买的工作方式和管理经验，并尝试运用于五星电器；第二，学习广告、促销等营销手段。

五星电器与百思买刚刚牵手，公开或不公开的接触有很多。但无论其中的细节如何，其结果一目了然，就是汪建国明确了当前五星电器的两大任务：第一，整合门店，提高单店利润；第二，向家电零售市场的"潜规则"发起挑战。

五星电器的下一步

百思买的创始人理查德·舒泽在某些地方和汪建国十分相似。1966年他就开了第一家店，2001年才向外扩张，这份拓展企业时的谨慎态度与汪建国几年前开门店时的谨慎态度非常相似。

除此之外，在运营理念上，理查德·舒泽和汪建国同样有着共性。理查德·舒泽强调通过低成本装修、深入满足客户需求、提升门店服务水平、增强信息管理能力等各种方式降低门店运行成本，提高单个门店的收益。用这个方式，百思买的门店销售额比其他在美国的老对手电路城（Circuit City）大约翻了一倍。美国的电路城和国美一样，走的是疯狂扩张的路数。

而在被百思买收购前，汪建国就注重在公司营造节俭的企业文化，而在具体的门店经营中则强调"向管理要效益"。没有证据表明汪建国这个理念的产生和理查德·舒泽有无直接的关联，但从结果来看，两人都是"提高单店效率"这个商业打法的门徒。

"牵手"百思买后的五星和其掌门人汪建国成了焦点，吸引到的注意力直追当年成为首富的黄光裕。最直接的体现就是媒体关于汪建国和五星电器的报道相较之前有了显著增加。

无论是当时的家电零售业，还是后来各个领域的零售业大佬，被收购后总会立下一些豪言壮语。如同黄光裕和张近东一样，声称自己要开辟几个地区的市场、新开多少家门店。汪建国自然也不例外，"牵手"成功后的五星对外宣称将用3到5年的时间，在中国市场发展800

到 1000 家门店。同时五星也公布了近期的开店计划：从 9 月 16 日至 23 日的一周内，五星将在江苏、浙江、安徽、河南、四川共开设 8 家新店。外表温润如玉的汪建国还抛出了一个重磅炸弹：不排除将进入北京、天津、上海等一线城市的市场。

在被收购前，汪建国的策略一直是"广积粮、缓称王"，坚持深耕江苏及周边地区的市场，避免进入一线大城市与国美、苏宁和永乐正面交锋。而汪建国这次却宣布要进军京、津市场和上海市场，京、津是国美发家之地，上海是永乐的老巢，这样的消息自然引发了轰动。

不过站在今天的角度来看，也许汪建国另一些表态更加重要。在提出 800 到 1000 家门店目标的同时，汪建国也不断强调"五星仍坚持集中和聚焦的发展战略，不盲目扩张"，并且将这个数字解释为一个弹性的范围，会根据市场变动适时调整。而提出不排除进军几个大城市可能性的同时，他也在强调着和同行的关系："合资后的五星电器不会把打垮竞争对手作为目标，相反，会更加谦虚地向竞争对手学习，通过竞争相互提高和促进。我们会十分关注竞争对手，但我们会更关注市场，关注消费者。"

一系列表态背后，一些客观的数据则更引人注目。自 2006 年 5 月收购一年多的时间后，五星新开的门店只有二十多家，相反，他还关闭了南京、安徽和山东等地一些营利性较差的店面。即使到了 2009 年汪建国离开五星时，合资 3 年多后的五星门店总量只比原来多了三十几家。有媒体在采访五星电器"内部人士"时甚至得到了这样的回复："五星在被百思买控股后，主要做的事情是在经营不好的地方关店。"

但汪建国在采访时则肯定了这种经营方法："我们更关心如何提升门店经营质量，而非利用投资盲目扩大规模。"据媒体报道，2007年五星电器的总利润额增长超过 40%，而老店在其中就占据将近 30%。显然，"提高单店效率"获得了成功。

这让汪建国此前的一句话显得非常应景：不要拳击赛，要马拉松。其背后的深意正是避免不必要的竞争，减少不必要的开支，打造优质店铺，以实现企业的长期发展。"整合门店，提高单店利润"，这一步棋汪建国下得很成功。

汪建国的野心并不是止步于自己的一亩三分地。他深知"皮之不存，毛将焉附"的道理，因此在打理好五星的同时，他也积极推动家电零售业的变革。其中最重要的就是消除各类"潜规则"给上游供货商带来的伤害。

中国家电零售商一直通过占用供货商的货款来实现店铺数量的扩张，同时还向供货商收取高额的入场费、返利费等各种五花八门的费用。供货商不堪其扰，因此行业内部屡次曝出上游的供货商和下游的零售商闹翻了的新闻。而百思买则完全不是这个路子。首先，它并不打疯狂的价格战，不会无限压低价格让供货商蒙受损失。其次，百思买的盈利方法就是降低运行成本，提升单店利润，简单来说就是"提质增效"，而不会以占用供货商货款、设置各种各样费用的办法。因此，百思买在行业中和供货商保持着不错的关系，同时因为其服务顾客的理念，也得到了顾客的认可。而这正是汪建国要努力的方向。

在合资公司成立后，汪建国不止一次批评了"流通企业占用供应商货款和收取各种杂费等不良潜规则"，并且宣称要解决这个影响家电零售业良性发展的关键问题。在合资公司成立的庆典上，汪建国亲口表态会按时付给供货商货款。[1]

汪建国的这个表态在当时引发了全体家电供货商的欢呼。自百思买收购五星电器后，汪建国的思想也在逐步对标"国际化"，在吃好自己碗里的饭同时，也兼顾行业这口大锅，毕竟饭要从锅里盛，如果锅让人砸了，手中的饭碗也自然受到拖累。

但客观来看，关于汪建国改变行业观念的表态有很多报道，但究竟行业有何改变却少有报道。汪建国个人的确有自己的野心，但毕竟他只是家电业的老三。随着国美先后并购永乐、大中，苏宁疯狂扩张开店并且涉足其他领域的零售，老三和前两名的差距越来越远。

---

[1] 顾列铭. 百思买给五星电器带来了什么?[J]. 经济导刊,2006(09):48-50.

第五章

"后百思买"时代的五星电器

　　随着汪建国的离去，对于他下个人生阶段的猜测纷至沓来，真真假假地弥漫在商业圈中。从后来的结果来看，汪建国继续了自己"商人"这个身份。

顾客第一

在一次采访中，汪建国坦言，百思买让他更深入地了解了四个价值：顾客价值、供应商价值、员工价值和社会价值。无论是整合门店、提升单店效益，还是挑战行业潜规则、主动维护供应商的利益，这些举动或多或少受到了百思买的影响。

中国人一向重视排名，从汪建国的发言来看，顾客价值排在这四个价值首位。即使不以排名论断，结合后面汪建国的创业经历，不得不肯定的是，对于顾客价值的深刻认识是此刻五星电器的汪建国和此后孩子王的汪建国成功的关键。

平心而论，百思买对五星的影响并不能如心灵鸡汤那样被概括为：在百思买的启发之下，五星电器的高管们恍然大悟，这才意识到顾客的重要性。这种故事听起来有一种快感，但却不符合五星的真实情况。

事实上，无论是汪建国还是五星其他高管，对消费者的价值一向有着还算充足的认识。五交化改名为五星，其背后的含义就是以五星级的标准服务顾客。此后汪建国提出的"集成家电"概念同样也是为客户设身处地着想的结果。

所有做买卖的人或多或少都会强调自己重视顾客。毕竟"顾客就是上帝"的话在那里摆着，即使心底里不重视，表面上也要宣称自己将顾客放在首位，否则买卖大概很难做下去。但从汪建国的行为上看，他至少没有让"客户就是上帝"这句话成为一句飘在空中的口号，而是让它落到了实处。这也是汪建国的商业智慧和商业魅力所在。

百思买让五星所认识到的顾客价值，主要概括为两个方面：第一，此前汪建国对顾客的重视更多是出于朴素的商业良心，但百思买以严谨的分析手法让汪建国对"顾客"有了更加深入的认识；第二，提出了可行的建议，让汪建国知道如何将这群"上帝"招待好。

在公开采访中，汪建国经常提到一个事情：他花了三百万买了一个教训。

和百思买合作时，百思买建议汪建国去调查一下究竟顾客为什么会选择五星电器。浸淫商海十余年的汪建国对这种调查有些不以为然，认为没什么必要性，每次都敷衍了事，最终也没有付诸行动。

在他看来，顾客来五星无非三个原因，第一是价格优惠，第二是服务周到，第三是质量过关。如此一目了然的结论实在没必要大费周章，花大价钱请个调研公司走形式。在提质增效的思路下，把钱花在刀刃上是汪建国一直保持的考量，花钱走形式他自然不愿意。

几次催促后，看汪建国没反应，百思买忍不住再次找到了汪建国，询问为什么每次都说去做调研，但隔了这么长时间也没有做。汪建国也坦言三百万的咨询费实在太贵了，本来资金问题就是五星一直头痛的事情，一下拿出去三百万，他自然有些心疼。对方也明白其中缘由，于是表示钱自己会出。这样一来，汪建国的担心自然没有了，他很爽快地答应了这次调研。

调研的结果却让他大吃一惊，顾客选择五星电器最重要的不是他认为的那三个方面原因，而是顾客的信任——真正影响顾客消费的是对于一线店员的信任程度。这次调研对汪建国有着很深刻的影响，他从此开始信任调研机构，在此后的从商经历中非常重视调研的作用。毕竟有时方向比努力更加重要，若是方向错了，努力再多都是无用功，甚至还会导致南辕北辙，产生负面影响。

但最直观的改变就是，经此一役，汪建国对于"顾客第一"的朴素理解让这三百万的教训得以升华，科学的调查工具和调研方法让他深刻认识到了顾客价值的真正意义，这也直接启发他对于商业本质的思考，并且说出那句经典名言："商业的本质就是创造顾客。"

除此之外，三百万这个昂贵的教训带来的启发意义自然不会只停留于认识论的层面上，对于商业而言，想得再多、说得再好最终也要落实在"做"的层面。如果在执行层面缺乏具体指导，那再好的理念、再对的想法，其价值终究是有限的。

在得知顾客对于一线店员的信任度会直接影响消费时，下一步的工作重点区域也就渐渐明确了：线下门店。

在线下门店中，五星设置了个人购买顾问。这些顾问接受顾客的咨询，会针对顾客的需求，从外观偏好到可用资金，站在顾客的立场上充分考量后给顾客提出购买建议。

这个做法可以看作"集成家电"思路的某种延续。"集成家电"是想通过把成套的家电展示出来，给顾客以直观明了的感觉，尽可能让消费者免去买了不好放或是放在家里不好看的尴尬局面。家电毕竟不能出声，不能解决顾客各种各样的问题，但是设置一个购买顾问，就能将这个问题很好地解决。

销售顾问的设置起到了很好的效果。据当时的媒体报道，当时五星电器南通卖场一个叫严莉的店长算了一笔账：在南通卖场里，一个组柜平均销售占比是 20%，但 8 个家电顾问的销售占比能够达到 30%-35%，团购的情况下甚至更高，能达到 40% 以上。家电顾问不但卖得多，单件售价平均下来也要高，而且售卖关联产品的能力非常强，客观上用户依存度也变得非常高。

当然，百思买给五星带来的改变不止这些。用汪建国自己的话来说，百思买让五星知道了"如何对顾客进行细分，如何找到目标顾客和潜在顾客，如何与顾客进行有效沟通，如何发现顾客的真正需求，如何实现顾客体验"。

自合资之后，五星电器曾经的大卖场也有了很多细节上的调整。首先，商品的陈列更多考虑顾客的方便，更加人性化。其次，一些卖场设置了专门的休息区，让疲惫的消费者有了一个歇脚的地方。此外，还有一些卖场设置了体验专区，家电合适不合适，试试自然知道了。除此之外，柜台也有很大的改变，柜台的高度被调整成了人站立时最舒服的高度，为了防止划伤，玻璃台面的边角都被抹平。

在"顾客至上"这个理念上，汪建国带领的五星和百思买达成了高度的共识。如果回顾共识达成的过程，发现其中有一个非常重要的事件：三百万进行消费者调研。经过调研后，五星下一步努力的方向和改进的方法变得一目了然。而这件事本身也体现出五星电器和百思买的不同之处：比起百思买尽可能地利用科学的工具对自己进行评估，汪建国所带领的五星电器更加笃信经验，相信实践出真知的道理。

客观地说，经验判断和科学调研都有各自的好处。虽然此次汪建国承认了自己的经验判断产生了偏差，但谁也无法断言，一个不了解公司的咨询机构，在任何情况下都会得出比公司运营者更加"正确"的结论。否则任何商业机构只要花钱请人做个调研，就能找到适合公司发展的路径，那么怎么会有如此多的公司湮灭在商海当中？

从长远来看，"三百万事件"更像是一个缩影，代表着汪建国带领的五星和"洋企业"的一次重要的碰撞。从合资公司成立到汪建国离开五星，类似的碰撞还有很多，有的结果很好，双方在经营策略上达成一致；但也存在一些不愉快的交锋，最终以分歧或一方妥协而收场。但对于汪建国来说，这些碰撞都将成为他成长的养料，以至于当他三年后离开五星时，感叹和百思买的合作中所学的东西，比他上的那些EMBA的收获加起来还要多。

"世界企业"与"本土龙头"

百思买作为全球第一家电子零售商，是彼时当之无愧的"世界级"大企业。相较于中国，美国市场经济的发展要早得多，1966年理查德·舒泽在明尼苏达州创办百思买的前身"音乐之声"时，汪建国持续十年的童年才刚刚开始。

因此，百思买的优势不仅是规模和资金，更是四十年经营所带来的成熟模式、丰富经验和专业团队。同时，美国发达的市场经济也让包括百思买在内的企业在商业领域更为"专业"。通过雇佣调研团队，使用相关的测量工具对企业的情况进行测评，就是这种"专业化"的体现。这类咨询公司在汪建国"三百万事件"之后的几年里，才在中国如雨后春笋一般大规模地涌现。

五星电器脱胎于曾经的国有企业五交化。它从中国的计划经济时代里走来，在市场经济兴起时涉足空调等家电专营，随后又在国企改制潮中摇身一变成了民营企业。新世纪来临，随着中国经济的高速发展、人民生活水平日益提高，五星电器赶上了时代大势，又拿出了符合当时消费者特征的经营策略，于是一步步摸爬滚打到了行业第四的位置，直逼排行第三的永乐——甚至有说法称五星实际上已经超过了永乐，在2005年就成了行业第三。

从这个历程来看，五星电器是一个不折不扣本土孕育出的行业龙头，直白些称之为"地头蛇"也十分恰当。而创始人汪建国出生于20

世纪60年代，经历了十年动荡、改革开放、下海潮，并且自己成了"九二派"。在商业领域，他见证了经济体制由计划经济向市场经济的转变，企业类型由几乎单一国营到国营民营兼具的变化，人民生活由贫穷匮乏到富足小康……从机关干部到国企经理再到民企老总，汪建国绝对称得上最了解中国经济、最了解中国商业、更是最了解中国家电零售业的那一批人。

一个是"世界企业"，一个是"本土龙头"，从这一点看，二者合作是当之无愧的成功商业案例。当初百思买反复承诺会尊重汪建国和五星高管在公司的"话语权"，尊重五星一贯以来的发展路线，根据五星的需要提供相应的支持，事实上百思买也的确履行了这些承诺。但是不可否认的是，客观上两家也是存在差异的，而两家从谈判开始到成功"牵手"，中间也有大量的接触。尤其在合资企业成立后，频繁密集的接触在所难免。在这种情况下，就产生了许多类似"三百万事件"的"碰撞"。当然，这里的碰撞并不是说冲突，冲突只是其中占比不算太大的一部分，更重要的是互相的磨合、理解和妥协。汪建国和五星电器在逐渐习惯世界级公司的商业思维，并学习其成功之道；百思买也通过五星深入了解着中国的市场，并不断适应着这一块有着自己独特商业逻辑的土地。

2006年4月，在收购计划还处于谈判状态时，在一次没有大规模公开宣传的会议上，汪建国就见到了理查德·舒泽这位世界家电零售业的"教父"。会见这等大人物，汪建国自然也精心准备了一番。

按照汪建国的经验，理查德·舒泽大概会从"光辉历程篇"到"企业成就篇"，再到"未来发展篇"，这些五星电器的重要时间里的事情进行询问，结合百思买进入中国的大背景，可能还会问对于中国市场的理解。但出乎汪建国预料的是，理查德·舒泽在会上问他的问题都是一些关注点非常微小的问题，从"顾客进店时，店员第一句话讲什么"到"顾客如何评价卖场"，反正专挑细节入手。汪建国没想到第一次谈话的内容居然会聚焦在这些"小事情"上，而不是关乎公司战略和中国市场的"大问题",因而有些出乎意料,回答时也有些措手不及,没有给出最为理想的答案。

举个例子,这就好比我想和你聊战略层面的问题,先攻打哪里后袭击哪里。你不和我聊战术也就罢了,结果居然跑去关注一个士兵每天吃几顿饭,甚至每顿饭里有没有肉的问题。这些出乎汪建国意料的问题让他一时间没有反应过来。

从后来五星电器的举动来看,汪建国还是认真思考了舒泽的提问,并且调整了一些经营门店的具体策略。商海沉浮日久的他自然能想明白,有时决定一场战争胜利的并不是大战略或具体战术上的问题,而是类似于"士兵一日三餐如何"的问题。对于五星而言,战略做得再好,若是店员在遇到消费者时应对不当,自然也会产生问题,而如果这样的店员多了,对五星来说就是一场"灭顶之灾"。

汪建国取长补短的优良品质也正应了舒泽在第一次见到他后给出的评价:有合作精神,有专业思考。汪建国的诚恳给他留下了很好的印象。

当然,两家企业的磨合不仅体现在商业理念上,中国与美国及其他国家的商业差异情况也是客观存在的问题。黄光裕曾在公开场合委婉地表达了对于百思买的模式能否在中国推行下去的怀疑,"我考察过美国百思买的门店,销售商品的毛利率很高,在经济富裕的美国可以这么做,但在中国这样的发展中国家,是行不通的。"

在他看来,二十世纪初美国和加拿大这类发达国家人们的消费能力比较强,所以百思买这类"洋品牌"才能不去占用供货商的货款,不去使尽手段"压榨"供货商。但是中国家电零售行业的兴起就伴随着价格战,低价竞争是家电大佬们的策略,也是购买者早已认为是顺理成章的事情。无论服务多好,要是价格比其他商店贵一大截,那么最终的结果也是留不住顾客。

虽然汪建国早已信誓旦旦地要整顿行业潜规则,但是在当时的大背景下,将来时的"要整顿"也不是完成时的"整顿了"。即便是百思买这个外国强龙，在中国本土也要面临地头蛇所带来的刁难，水土不服也在情理之中。

除此之外，关于是否要将杭州文三路的店铺打造成高端的体验店，双方也发生了一定的分歧。百思买希望将这家新店铺打造为一个像苹果专卖店一样的高端店铺，但汪建国却认为从当时的市场条件来看，如此高的开店成本并不能获得想象中那么高的回报。

有媒体报道，这次争端为两家冲突比较激烈的一次，不过最终也是以百思买妥协，降低了几个档次开店而告终，想象中的高端专卖店并没有出现。这次冲突的背后也是中美市场客观差异的结果，在中国这块土地上，"洋品牌"的经验并没有那么好复制，汪建国当然也意识到了这一点，所以在面临类似的影响公司效益的时刻总会出面据理力争。

离开五星的打算

当然，五星电器和百思买的合作共赢要远高于二者的摩擦与不合。随着国美陆续收购永乐和大中，曾经的家电业龙头如今只剩下国美、苏宁和五星三家，五星自然也稳稳地坐上了行业老三。总体来看，五星的发展还算顺利。

时间到了 2008 年，全球经济都面临着大衰退的局面，甚至在一年后曾经与百思买公开叫板的老对手电路城也宣告了破产。这一年的百思买情况也不好，有数据显示，第三季度百思买的盈利比去年同期跌了 77%，随后迫不得已在全球范围内宣布了自己的裁员计划。

遭受重创的百思买将希望寄托于中国市场，更准确地说是寄托在五星身上。相比百思买、电路城，五星电器这一年的表现绝对堪称是模范生。有媒体从五星电器的内部人士处获知，即使 2008 年的经济形势不好，五星电器的利润仍然是近几年来最高的。

2008 年 8 月，汪建国来到百思买总部参加会议，这也是他最后一次来这里参会。百思买再次向汪建国表达了希望他可以彻底卖掉公司的意思。此时的汪建国也正在考虑这个事情。

对于百思买而言，进入到中国市场并且开始和汪建国接触，算是一步投石问路；而最终买下五星的大部分股权，则是百思买的摸石过河。现在已经将中国市场摸排得差不多了，对五星当然也熟悉得差不多了，"石头"的指引作用也差不多该结束了。

虽然百思买客观上掌握着五星的绝对股权，但是正如前文所说，其对五星的实际控制非常薄弱，具体怎么干还是汪建国说了算。这其中的原因有：一方面，保证汪建国的自主权是在合资之初就已说好的；另一方面，刚刚进入中国市场的百思买也知道"强龙不压地头蛇"的道理，在这片陌生的森林中听从五星这个老猎人的引导，打起猎来总是更容易有成果。

除此之外，汪建国对五星电器的巨大影响力也是至关重要的因素。五星电器是汪建国一手建立的，其前身江苏省五交化也在汪建国的带领下发展了多年。公司内部从上层高管到下层员工，都受汪建国的影响。他还在五星电器管理层一天，就会给百思买全盘"控制"公司带来难题——你总不能指望刘备还在场，就把人家抛在一边去指挥五虎将吧？

因此，百思买对五星电器的全面收购，其背后则是一层非常明确的意思：汪总啊，走吧，有你在我们拿多少股权他们恐怕还是听你的。

当然，所谓上赶子不是买卖，百思买愿意收购五星并非一厢情愿，汪建国也确实有卖掉五星的打算。在接受《正面刚》的采访时，他坦言了自己想要卖掉公司的两大原因：第一，行业规则太过简单，开店就能挣钱；第二，家电零售业的竞争太过火爆。

为了描述当时家电零售业的火爆场景，许多人都喜欢举一个例子：光是南京新街口就有六家销售家电的店铺。的确，家电零售业的繁荣有着特定的历史背景。其不但是国民收入提升和对高品质生活的追求，也是生产力迅猛发展的结果，同时还是"家电下乡"等政策扶持下的产物，所以才有只要开店就能赚钱的行业模式。在接受正和岛的采访时，汪建国曾概括了这种简单的商业模式："业务模式也太简单了，展台是厂家做的，促销员是厂家派的，价格也是厂家定的，你无非是找了个好位置，然后等着收租，本质上还是一个二房东。"

但是家电本身就是耐用品，一件电器用上几年乃至十几年都不为过，总不能指望人们换电器如同换牙刷、毛巾一样，隔上一段时间就换一次。家电价格动辄几百上千，贵的上万也是常见，更换频率绝对不会很高。

家电业的繁荣，更多是依靠当时人们从无到有的现实情况。现在不少家庭已经将家电配备齐全，而开出来的店铺又如此多、竞争如此激烈，需求少了但开店的还很多，这种情况会让家电零售业很难重现几年前的荣光。作为家电零售业的行业大佬，汪建国自然明白这些情况，因此就萌生了退意。

当然，还有很多汪建国没说的原因。比如，五星电器副总裁曾表示，2008年前后，诸如卞惠敏、徐秀贤等五星元老也希望歇一歇，商场鏖战不易，已经如此成功了，到了功成身退、衣锦还乡的时候了。五星的发展自然不是汪建国一个人可以推动的，需要这些"老伙计"的帮助。当手下大将萌生退意时，主帅自然心里也会跟着有些动摇。

再比如，没当了或当不了行业老大也是汪建国不想继续做下去的原因。在聊到创办孩子王时，汪建国曾不止一次说过，做家电零售业时一直是行业老三老四，希望在母婴用品领域能当一次行业老大。

在经营五星电器时，汪建国一直说不要过度关注竞争对手做什么，要多关注自己，做好自己的事情，同时说自己无心去做家电零售业的第一。但是从客观来看，国美、苏宁本身发迹较早，体量巨大，进行资本运作的时间也比五星电器要早很多。和这两家相比，无论汪建国有无问鼎之心，但实际情况就是他大概率最多只能做到行业老三，即使有了百思买的加持也是如此。长期被"美苏两强"压着，渐渐心灰意冷也在情理之中。

除此之外，从对汪建国的公开采访来看，或许有一个人也对汪建国最终做出卖掉五星电器的决定有着重要的影响，他就是台湾中原大学的老师吕鸿德。

从小就深知学习的重要、相信知识改变命运的汪建国，成为企业家后也一直没有放弃学习，在很多学校里读过EMBA，其中就包括新加坡国立大学。在此读书期间，他遇到了教课的吕鸿德，后来吕鸿德给他画了一张图。

这张图主要描述"第二增长曲线"，说的是企业生命周期问题。无论企业还是个人，受到客观环境和主观作用的影响，总会有生命周期。而当一个人意识到一条抛物线已经达到顶点，再往前就要走下坡时，就要果断地去寻找"第二增长曲线"，不要随着第一曲线的衰落而彻底跌下。

中国有"狡兔三窟"的典故，也有"别把鸡蛋放在一个篮子里"的俗语，这些都告诉人要留些后招，想好后路。但是"第二增长曲线"所说的问题并非如此简单，因为有一个基本的前提：在行业最高点时寻找第二曲线。我们不得不承认，在山脚时我们或许还会多些顾虑、多些打算，但是到了山巅，这些东西往往会让获得成就的荣耀感和害怕失去成就的恐惧感所代替，寻找第二曲线自然很难。

但作为一个成熟的企业家，汪建国深知"第二增长曲线"的重要性，他也逐渐想明白了，此时正是结束第一曲线、寻找第二曲线的时刻。

落幕，汪建国的离去

除了"第二增长曲线"外，吕鸿德还给汪建国讲了一个"怎么抓猴子"的故事：如果一个人想要完好无损地捉到一只猴子，那么只需要找来一个空瓶子，然后在里面放上几颗甜枣。猴子被甜枣吸引，自然就会伸进手去抓枣。空着手时自然轻松地将手伸到了瓶口里，而握着枣子时，手就出不来了，于是就顺利地把猴子给控制住了。

在之后的各种场合中，从媒体采访到公开演讲，再到经验分享，汪建国基本都会提到这个故事。坦率地说，这并不是一个多么让人拍案叫绝的故事。向前看，中国的神话故事和西方的各类预言不乏此类告诫，让人们知道"有舍才有得"。向后看则更加如此，互联网的兴起带动了各种各样的心灵鸡汤产生，这种故事放在庞杂的鸡汤海洋中委实说不上有多耀眼。

绝大多数人扪心自问，自己恐怕也不比故事中的猴子好到哪里去，心灵鸡汤毕竟是听来容易做到难。但是汪建国做到了，他真的放下了手中的枣，去更为广阔的空间追寻机遇。这使得无论多少次汪建国讲到这个故事时，大家总会收起心中的不耐烦，即使听过多次也想再听一次。因为这虽然是一个没有那么惊艳的故事，但汪建国自己的行动让这个故事减少了空泛的说教意味，变成了一个企业家真实的人生经历。

当然，心灵鸡汤的特征是说来容易做来难，"怎么抓猴子"的故事也不例外。如果此时汪建国面前真的只是几颗枣，那么舍弃它们并不用什么思考。别说几颗，几车也是如此。但他此时要做的选择，于公关乎这个在中国家电零售业举足轻重的行业巨头，于私则关乎自己几乎前半生的心血。

在快要达成将五星电器彻底卖掉的协议前夕，纠结的汪建国来到了黄浦江边的一家酒店，独自一人站到了顶楼上。望着滚滚长江，他这一站就是几个小时，甚至他自己还浑然不觉。

在中国文化中，江水这个意象常常营造出两种不同的意境：第一，往日无限风光一去不复返，多有英雄迟暮、美人老去的哀伤，所谓"百川东到海，何时复西归"；第二，通过描写江水澎湃，来表达心中的一番浩荡壮志，所谓"海潮随月大，江水应春生"。

此时的汪建国望着滚滚长江，大概感受到的是第一种意境。他而立之年走出机关，进入国企，开始了从商之旅；不惑之年将国企改制为民企，成为新企业的掌门人，并且一路带着自己的企业走到了行业第三的位置。汪建国出生于1960年，此时的他已经临近知天命之年，此时将企业卖出去，颇有昔日无限风光今后不再的悲壮感。

在多次采访中，汪建国并未谈及这几个小时具体的心路历程，只是说自己在纠结要不要卖掉公司。作为旁观者，我们并不能断定他究竟在纠结什么，是卖出去亏不亏，是不卖会不会更好，还是卖给百思买合适不合适……更有可能的是这些复杂的顾虑兼而有之。

除了这些利益上的考量外，个人情感大概也占据了相当的比重。正如几年前卖出股权时的"不舍"一样，此时他的"不舍"恐怕要更加强烈。正如他所说："在五星我不仅是一个管理者，我觉得自己更应该是一个监护人，像监护孩子一样让五星按照良好的轨道发展。"此前卖出股权尚且可以说是把自己的儿子过继给别人，虽然名义上算是别人的，但是还要住在自己家，听自己的话，让自己抚养成人。但现在将剩下的股权卖出，无异于彻底和一手养大的"亲儿子"断绝联系。

2009年2月20日，百思买发布通告，宣布继2006年首次股权交易后，其已与五星电器就剩余股份的全部转让达成协议。此次收购的是五星电器其余 25% 的股份,这也标志着百思买将全资控股五星。

从结果来看,汪建国这笔买卖无疑是赚了。2006 年 75% 的股份是以 1.84 亿美元的代价收购的,虽然公司发展迅猛,市场风云变幻,但将 25% 的股份卖出了 1.85 亿美元,这个价格怎么看都很划算。

2017 年,汪建国接受《刚正面》的访谈时,也谈到了卖掉公司的往事,他给出的数据或许更加证明了这次交易的成功:"我卖出去时大概是 110 个亿,今天五星电器也差不多值这个价钱。"在行业的最高点上,汪建国成功将公司卖了出去,获得了大量的资金,这也让他此后再创业成为可能。

除了汪建国外,见证五交化转制为五星电器的还有此前提到的卞惠敏、徐秀贤和王健等人,除了王健继续留在五星电器外,剩下的人都随着汪建国一起离开了。当然,几年后王健将再度加入汪建国的公司,继续和这位"老上级"在商海中"浴血厮杀"。

汪建国的离去是当时家电零售业的一件极具轰动性的事件,世界老大的百思买全盘并购了中国第三的五星电器,这个新闻想不轰动都难。

曾经与汪建国"相爱相杀"的家电零售大佬们此刻基本还在家电零售这条赛道上继续努力着。当然,黄光裕除外,虽然他在 2008 年三度登顶胡润百富榜首富。但在同年 11 月,他因涉嫌商业犯罪被刑拘,而此后将是一场牢狱之灾。2009 年初,随着永乐电器一起加入国美的永乐创始人陈晓,出任国美电器董事局主席并兼任总裁,在黄光裕入狱的日子里艰难前行。而在这一年,张近东正下定决心,带着苏宁实现互联网转型。

退出五星电器的这一年,汪建国已经 49 岁了,马上要进入知天命的年龄。从 1991 年进入五交化,到 2009 年离开五星电器,他用人生中宝贵的 18 年带领下属打造出了一家行业第三。如今转身而去,他不得不进入到人生的下一个阶段。

随着汪建国的离去,对于他下个人生阶段的猜测纷至沓来,真真假假地弥漫在商业圈中。从后来的结果看，汪建国继续了自己"商人"这个身份。

或许当时的一个细节就能预示着汪建国的个人选择。将近 50 岁的他在给不熟悉的人打电话时，还会自称"小汪"。虽然只是一个称呼，但足以说明一些问题：在他的认知里自己并没有衰老，而是依然年轻。"老兵不死"，同时也未凋零，而是老而弥辣、历久弥新。[1]

50 岁的"小汪"再度成了一个创业者。

[1] 资料来源：人物志 [J]. 商周刊 ,2010(06):14.

第六章

50 岁，"零售大王"再起航

孩子王终究成"王"，而汪建国则成了背后的"零售之王"。第二次创业，毫无疑问他再一次获得了成功。

再创业的打算，"选择比努力更重要"

卖掉五星电器后，汪建国获得了套现后的十几个亿，过上了"富家翁"的生活。汪建国曾经用"广积粮、缓称王"作为五星电器发展的战略，而说出这句话的朱元璋和汪建国一样发迹于南京。朱元璋曾写诗感叹："百官未起我先起，百官已睡我未睡。不如江南富足翁，日高五丈犹披被。"

企业家虽然不必像朱元璋一样操心一个国家的事情，但是一个企业本身也像一个微型的国家，企业家则是这个小国家的主要负责人。2006年一份《中国企业经营者成长与发展专题调查报告》显示，中国企业家一直处在巨大的压力中。报告中提出：中国企业家"有时出现"或"经常出现""烦躁易怒"症状的占 70.5%，"疲惫不堪"的占 62.7%，"心情沮丧"的占 37.6%，"疑虑重重"的占 33.1%，"挫折感强"的占 28.6%，"悲观失望"的占 16.5%。

企业家在打造商业帝国、享有大量财富的同时，也要背负常人无法接受的压力。因而，据不完全统计，在过去 20 年中，自杀的中国企业家多达 1200 位。

现在的汪建国总算逃掉了企业家的"魔咒"，是一个名副其实的"江南富足翁"，有钱有闲，就是明太祖朱元璋复生恐怕都羡慕不已。还未卖掉五星时，他就酷爱打高尔夫，周末没事总要打上一两场。现在的汪建国，毫无疑问地实现了"高尔夫自由"。

　　自青年时期开始奋斗以来，他在时代洪流与个人追求的裹挟中一直处于异常忙碌的状态。此时卖掉了公司，卸下了肩上的重担，汪建国获得了久违的空闲时光，一阵空虚过后他忽然觉得现在的日子也挺好。在这种情况下，江湖上也流传出了汪建国将要"金盆洗手"的声音，认为他大概率会就此退隐江湖。

　　但是这种声音很快就被另外两种说法反对了。一种说法是汪建国将来会继续从事家电行业，毕竟他从此起家，从此富贵，既熟悉行业打法，也有丰富的实操经验，的确十分适合。也有内部人士向媒体透露，汪建国曾经向高管们明确表示，自己"不会就此退出商场"，他将继续在这片惊险、有刺激的战场上攻城略地。也有媒体曝出，汪建国已经控股了江苏明珠——当年国内最大的专业空调代理商，因此猜测他可能会继续带领江苏明珠重现昔日五星电器的辉煌。

　　除此之外，还有另一种说法引发了人们的关注。在卖掉五星后，汪建国实际上并没有完全地离开商业圈，开始"坐吃山空"的生涯；而是他和长江商学院的老同学马云、史玉柱等人创办了"云锋基金"。因此他虽然从五星"退休"了，但依然利用手中的资本搅动着商业市场。只是这一次他不再是企业家，在商业战场中一线带兵冲杀的将领；而是一个投资者，成为后方的元帅，利用手上的资源培养一支支精锐的部队。

　　随着时间的流转，第二种说法越来越有说服力。事实上，当一个投资者远比当一个企业家要清闲得多，所以以常理推测，他未来也很有可能保持着这个身份，如同段永平等人一样，成为中国商业历史上让人津津乐道的传说。

　　但从结果看，汪建国却并没有停留在投资者这个身份，而是一头扎入了商海，再度创业。之所以做出这样的选择，背后有两个原因。

　　首先，"富家翁"的状态没有持续多久，他再度产生了焦虑感。当他参加聚会时，突然发现自己的想法与周围的朋友产生了差距。他曾经一次又一次把握住了时代的机遇，对于"时代"二字背后的含义有着高度的敏感。因此，这种被时代抛弃的恐慌迅速化作了危机感，让他警觉起来。高速发展的中国经济也不断刺激着汪建国的神经，他觉得在这样一个"红利期"，不做些什么实在是有些说不过去。他自己这么想，和朋友也这么讲。

此外，在接受正和岛采访时，他也提到了卖掉五星电器前后时的窘境："有股东不赞成，也有员工不支持，供应商觉得你这是被打败了，瞧不起你，看笑话的同行就更多了，那段时间，压力真的挺大的。"这段回答也暗示他再创业的重要原因：不甘心。

汪建国是"外柔内刚、外圆内方"的性格，外表看起来儒雅和气，心里却暗暗憋着一股劲。这种性格甚至可以追溯到小时候，在动荡的十年中，汪建国由于出身的原因被周围同学疏远，当时的他一直在拼命学习，其中很重要的动力就是证明自己的实力。

从种种迹象来看，此时的汪建国是不甘心的。这种情感并不完全是由外面人风言风语导致的，还是源于他心中的一个遗憾：五星电器只做到了行业前三。国内"美苏争霸"的局面已经相当稳固，他自知无法撼动这个局面，五星也只能当个第三。但是家电零售业的路不通，其他行业却并非如此。如果找对赛道，他完全有可能一偿凤愿，在某个领域成为"老大"。

正是在这种情况下，汪建国找到了曾经五星电器时期的班底，将自己的一番思考告诉了"老伙计"和"老战友"们，希望开始二度创业的大计。他拉着这群老友一起思考未来，问题很简单也很明确：我们之后究竟做什么？

卖掉五星电器后，汪建国已无心再度踏进家电零售业的红海中。因为他清楚地知道此刻的家电零售业竞争有多么激烈，要想在其中创造一番事业基本不太可能，甚至他都没办法找到一个合适的插足机会。

汪建国曾给家电零售业两条十分精准的评价：行业逻辑简单、行业竞争激烈。前一句说的是家电零售靠开店、促销和广告这三板斧持续了十多年的时间，在家电市场日渐饱和、商业打法迅速迭代的背景下，这种行业逻辑显然慢慢变得不适用；后一句理解起来更为简单，一个南京新街口就有六家店铺卖家电，足以说明家电零售是一片红得发紫的海。

比起这个熟悉的行业，他更想做一些新的尝试。经过此前百思买给他带来的"三百万的教训"，此时的汪建国已经认识到市场调研的重要性，他把从百思买学到的重要一课用在了这一次的决策中。

他没有拍脑门做决定，而是花重金请了调查公司——还是两家调查机构。汪建国一面心疼请调查机构花出去的钱，一面又深知这一步的必要性，于是他向专业咨询机构讲述了自己的诉求，希望专业机构为他提供建议。调查机构给了他四个商业方向：孩子、老人、农村百姓和有钱人。而他创业的第一步，就选择了当时大有可为的母婴市场。

母婴市场的机会

既然目标已经明确，汪建国立刻拿出魄力。他在酒店租了三间办公室，带了两个副总裁、两个秘书和三个司机，开始了人生中的第二次创业。而这一次创业的领域是他此前从未涉足过的母婴市场。

这既是挑战也是机遇，充满不确定风险的同时，也意味着这一次创业的成功将给汪建国带来巨大的成就感。在公开采访中，汪建国并没有详细描述自己决定二次创业时的心情，但从他过往的经历可以肯定，或许那一刻他有不安、有怀疑，也甚至想过退缩，但与之伴随的一定是再度面临挑战时的热情。这是他身体内"不安分"的基因所决定的，在离开机关去国企时如此，在带领国企改制时也如此，这也是对于一个创业者而言难能可贵的品格。

在谈到母婴市场时，就必须先对当时的市场情况有所了解。

彼时的中国母婴市场正被"三聚氰胺事件"所笼罩。2008年，一个叫王远萍的父亲在天涯发帖描述了自己的经历：此前他在浙江泰顺县城的一家超市给女儿买了15包三鹿奶粉。但他的女儿只要前一天喝了三鹿奶粉，第二天的小便就会变得黏稠、浑浊，偶尔还会出现拉肚子的情况。如果没有喝三鹿奶粉，则不会有这样的情况。

三鹿集团是当时中国奶粉业当之无愧的巨头，其品牌价值高达150亿。事发后，三鹿奶粉派人登门与他沟通，想办法让他相信了他买到的是假奶粉，并同时"赔偿"了他四箱奶粉，以此封了他的口。但三鹿奶粉的问题并没有随着三鹿集团"捂盖子"而得到平息，相反，越来越多的家长发现了自己的孩子在食用三鹿奶粉后产生了一系列身体不适。

事实上，中国奶粉行业的信任危机由来已久，这其中有一个关键人物，三鹿集团原董事长田文华。她不仅是"三聚氰胺事件"的"元凶首恶"，奶粉行业在 2008 年就存在的信任危机也与她有重大的关联。

1987 年，田文华开始执掌三鹿集团，"新官上任"的她就进行了一个大胆的改革措施。她提出了"奶牛下乡，牛奶进城"的模式，将奶牛卖给农民，同时收购农民的牛奶，以此减少企业经营专有牧场的成本，也实现了奶粉产量的扩大。

三鹿提供奶牛、养殖技术，农民负责养殖，然后再将生产出的牛奶卖给奶站，最后送到三鹿的工厂。这个降低成本的办法得到了当时其他企业的认可。于是大家有样学样，也开始学习三鹿的办法，成为忠实的模仿者。

这一模式的确有着自己的合理性，极大地降低了企业的经营成本，相应的牛奶和各种乳制品的价格下降，让"每天一杯奶，强壮中国人"成为可能。这个运作流程是理想状况下的，随着各提供奶源的企业之间的相互竞争，问题也就出现了。

奶农为了提升牛奶中蛋白质的含量，加入了三聚氰胺。收购散户牛奶的奶站睁一只眼闭一只眼，将这些有问题的牛奶送到了三鹿手中。当时的三鹿早已从美国、英国、德国等地进口了各式各样的检测仪器，检测能力绝对是当时中国最先进的。但是为了争夺奶源，三鹿默不作声，没有点明大量牛奶中含有三聚氰胺这一事实。

2004 年 4 月，安徽阜阳出现了大头婴"问题奶粉"事件，三聚氰胺的秘密东窗事发。部分地区开始要求三鹿集团退货，甚至要封杀三鹿。但如同此后 2008 年"三聚氰胺事件"中三鹿的所作所为一样，其并未正视奶源安全这一问题，而是以"危机公关"的方式斡旋，并且最终没有让这一起恶性事件给自身带来过多的影响。讽刺的是，三鹿还因此被评为当年"中国最佳危机公关企业"。

三鹿并未从源头上解决奶源安全的问题，反而不断地通过"公关"的方式试图掩盖事情的真相。随着如王远萍一样的家长对三鹿集团进行的疯狂投诉，相关机构也通过检测证实了三鹿奶粉中三聚氰胺严重超标，对儿童的健康造成了严重的危害。三鹿再也没有办法掩盖自己的所作所为，诸多事件累积演变成了轰动全国的"三聚氰胺事件"。

汪建国创业于 2009 年，此时消费者对于国产母婴产品的信心仍然处于谷底。消费者宁可花重金购买进口产品，也尽量避免购买国内母婴产品。甚至在两年后的 2011 年，中央电视台《每周质量报告》的一份调查显示，仍有七成的中国消费者不敢买国产奶粉。

此时的中国仍然实行"一胎政策"，熟谙"优生优育"道理的中国家长让这一理念几乎成为整个社会的共识。每个家庭都对母婴产品高度的重视，对产品的质量有相当高的要求。但现实情况是，家庭舍得为母婴产品花钱，却苦于国产品牌的表现不佳，保险起见只能选择国外品牌。

一面是市场需求量大，一面是供给不足，与此同时还有良好的市场前景。敏感老练的汪建国很快就发现了母婴市场中蕴含着巨大商机。同时，汪建国请的调查机构所给出的数据印证了他的这个判断。

调查数据显示，当时的中国 0 到 3 岁的婴幼儿有六千多万，孕妇数量则有两千多万，而且这股婴儿潮很可能持续到 2028 年，达到峰值。这样计算，母婴产业的增幅将长期保持在 30% 左右，存在七千亿左右的市场容量。比起家电行业几近于饱和的市场现状，母婴用品赛道无疑显得十分开阔。

此时的汪建国马上迈入了五十岁，也产生了一些新的人生反思。他刚刚卖掉五星电器，十几亿的套现金额每时每刻都提示着他曾经获得过的巨大成功。正所谓"手中有粮，心中不慌"。手握雄厚资本的汪建国对于第二次创业有了一些新的盘算：他希望这一次创业能多做一些有价值、有意义的事情。

无论是"三聚氰胺事件"，还是当时频频出现的小孩吞食纽扣导致恶性后果的新闻，都给了汪建国很大的触动。婴儿不会说话，是社会中的弱者；婴儿预示着新生，是每个家庭的希望。这样的想法更加坚定了汪建国专注于母婴市场的决心。最终，时代的机遇与个人的期望在此时发生了重合，孩子王这个未来的行业龙头品牌就此出现了。

慢跑入场，寻找梦想中的蓝海

在执掌五星电器时，汪建国习惯了红海厮杀。相比于家电行业，母婴行业则是毫无疑问的蓝海市场。这个市场有三大特点：第一，缺乏龙头企业，即使当时位居市场前三位的红孩子、乐友和丽家宝贝，所占有的总市场份额还不到 10%，行业中尚无一个"领头羊"；第二，产品类型齐全，儿童服装、玩具、家居用品等各个门类的产品都有大量的供货商，货源非常充足；第三，商品流通渠道非常分散，从百货公司到个体店，从大型超市到厂家直营品牌店，都有母婴用品在售卖。

有充足供货商、缺乏统一渠道、没有行业巨头，这三个特点让汪建国看到了商机。生产、销售两头分散，此时若有一个市场的整合者，形成统一的贩卖渠道，无疑打通了母婴行业的"最后一公里"。而这个整合者，也将成为母婴市场中举足轻重的品牌。

后来创办的孩子王正是这个整合者。从日后的招股书来看，孩子王"立足于为准妈妈及 0—14 岁婴童提供一站式购物及全方位成长服务，公司深度挖掘客户需求，开创了以会员关系为核心资产的单客经营模式"。其中，"一站式"和"全方位"两个关键词将其整合者的角色凸显得淋漓尽致。

无论从哪个方面来看，毫无疑问，母婴行业都可以称得上是大有可为！曾经的五星电器在汪建国的带领下成为行业第三，这一成绩足以让家电业的后辈们尊称汪建国一声"前辈大佬"。但对汪建国本人来说，他仍然有些不甘，终究没坐上行业里的第一把交椅。而这一次，他有信心在母婴市场中打造出一个行业第一来，这让他非常兴奋，也让他对这一次创业更多了一份热忱和期待。

此时的他再次迸发出当年指挥五星电器在红海中厮杀时的热情。在这个背景下，2009 年，他提出了几个伟大：要创造伟大的商业模式，要构建伟大的经营团队，能够做伟大的事业。创业的野心尽显其中。

不过，"久经沙场"的汪建国还是放慢了步子。比起猛地冲锋后再猛地倒下，汪建国更接受徐徐前进、稳扎稳打的策略。除了雇佣调查公司分析市场外，他一边总结过往企业经营中的得失，希望应用于这一次的创业中，一边率领团队四处考察，借鉴国际著名母婴品牌的经营经验。

孩子王诞生前，汪建国经常拉着五星电器时的老战友们反思曾经的功过是非，以求从中获得经验教训。经过一番分析后，他们给即将进行的创业项目设立了三个方向：以顾客为中心的商业模式，不以赚差价而以售卖服务来盈利的经营策略，满足消费者的个性化需求。

在他看来，作为最终的卖家，顾客才是一个成熟且成功的商业模式核心。而为了满足这部分顾客的需求，最重要的是应该实现思维上的改变：不再以低买高卖的差价盈利。从几千年沉淀下来的商业观念来看，似乎商业的本质就是赚取差价。古代时期，把江南的丝绸卖到北方、把中国的茶叶出口国外，都是这样的道理。但是在当今的时代中，储存与运输的成本极大降低，且由于互联网的崛起，网购得以发展，再用差价盈利有些跟不上时代的脚步了。差价的背后是信息的不对称，而互联网的出现早已将一直存在的信息不对称环境降到了历史的最低点。因此，汪建国才认为比起售卖商品赚差价，还是经营顾客的商业模式更为长久，也更能盈利。为此，提供"私人订制"般的服务，尽可能满足更多用户的个性化需求，就成了非常关键的举措。

回到母婴行业，汪建国将当时母婴市场的公司分成两类。第一类有自己的品牌，但销售模式深度依赖经销商，离客户很远，不能准确把握客户需求。第二类是零售商，这类街边小店虽然贴近用户，但是有限的规模注定了他们只是"卖货商"而非"服务者"，是通过把货卖给消费者来盈利，而非通过服务消费者而盈利。而汪建国所制定的这三个方向正好弥补了当时母婴市场的不足之处。

从后来的发展来看，孩子王的发展一直没有离开这三个方向，这也成了它的重要竞争优势。也是在此基础上，汪建国继续延续了五星时代对于服务客户的重视，提出了孩子王的核心策略之一：从经营商品到经营顾客，从满足需求到创造需求。

汪建国认为一切盈利模式都万变不离其宗，其核心就是吸引顾客。如果能够成功留下顾客，赢得他们的信任，那么售卖产品就成了顺理成章的事情。用他的话说："无论商业怎么变化，商业的本质并没有改变，商业的本质就是创造顾客。"无论是经营彼时的五星电器、此时的孩子王，还是在后来的创业中，汪建国都一直奉行着这一原则。他给一切对于商业模式的探索和创新找到了统一的评判标准：用户的体验和评价。"围绕用户做创新"也成了汪建国十分重要的创业体悟，他经常在各种公开场合与观众分享。

此外，汪建国还积极借鉴世界先进零售企业的经验。无论是 Costco 的会员制度，还是家乐福的经营模式，都给了汪建国很大触动，使他产生了重要的启发。但令他启发最大的还是日本的母婴品牌阿卡佳。

有商业分析认为，孩子王并非是一个完全的"新物种"，而是与在日本已经运作了八十多年的老牌母婴行业的龙头企业——阿卡佳有着诸多高度重合之处。仅从战略的角度看，孩子王与阿卡佳的重合度就在七成以上，其中就包含大店模式、高端选址和个性化服务这三个战略。从后来孩子王的表现来看，这三个战略正是其优势所在。[1]

---

[1]资料来源：《孩子王：不是什么"新物种"复制日本阿卡佳的母婴王者》，A 股投资日历的雪球专栏，雪球，2021.9.30

在借鉴多方经验后，汪建国将之组合排布，用于孩子王的创业中。有媒体注意到汪建国四处借鉴先进经验，组合于自身创业中的行为。这种组合方式好像"搭积木"一样，集众家所长为我所用，因此媒体将之称为独特的"汪式哲学"。[1]

除此之外，汪建国的另一个特点也为人称奇。他在人生的大多数时间中似乎自带着一种"干啥啥成"的本性。最早他是体制内的干部，一路成为五交化的"一把手"，正处级干部；改制后又在家电零售业做得风生水起，成了全国第三；二次创业时的孩子王也不负众望，一步步做大，最后成功上市。

---

[1] 资料来源：《母婴品牌孩子王上市，汪建国的"汪式哲学"》，黑皮猴，艾问人物，2021.11.2

要做就做 shopping mall

在经过充足的准备后，2009 年 12 月 18 日，孩子王在南京建邺万达广场的首家旗舰店开始营业，这也标志着汪建国的创业想法正式付诸实践中。对于当时的人们而言，售卖母婴用品的店铺多以小店为主。人们见惯了小店，还不曾见到如此巨大的店铺。这家经营面积超过五千平方米的店铺立刻被视作当时母婴行业中的一个"怪胎"，随之而来的是各种各样的质疑。

关于开大店的战略，有一个故事在汪建国接受采访时常被提及，那就是他和万达老总王健林的一次对话。在 2009 年，还没有一家超过两千平方米的母婴用品商店（别说中国没有，就是放眼整个世界也没有）而汪建国的孩子王所需要的地方超过了五千平方米。这样的"狮子大开口"并未得到当时万达工作人员的支持：这么大块地方给了你，你要是赔了，我们怎么办？

但是一向执拗的汪建国对自己的决定非常坚持，一定要开一个一站式的 shopping mall。于是在他的坚持下，这个事情最终被汇报给了万达的掌门人王健林。两人趁着王健林来南京出差的功夫见了一面。即使作为当时乃至现在中国商业界最为成功的一批人，王健林还是没有真正认可汪建国开大店的想法。不过最终还是让汪建国的两句话说服了：第一，我确实要做个不一样的店，正因为没有，我才要创造有；第二，我不欠你房租，我刚刚卖了公司，还有一些钱。

我们无法猜测究竟是汪建国的个人能力得到了王健林的认可，还是汪建国不欠钱的承诺不会让万达蒙受什么损失，抑或二者兼而有之。不过从结果来看，孩子王位于南京建邺万达广场的门店开店的一个星期内，就出现了"人挤人的盛况"；在开业5个月后，迅速实现了盈利，这不但打破了这些质疑，还成了零售业中可以被写进教科书的经典案例。

孩子王是五星控股第一个孵化出的企业，算是汪建国再度创业的首秀；河西区建邺万达广场的门店则是孩子王第一家线下门店，受到市场的高度关注。因此，这家线下门店对于汪建国的重要性不言而喻，从选址到店面规模，都经过他非常系统地考虑。

南京乃至整个江苏对于汪建国来说都有着重要的意义，他出生于江苏苏州，生长于金坛，他的仕途发迹于此，下海经商开始于此。后来的江苏更是成了五星电器的大本营，汪建国以此为基点，和其他家电零售业巨头"逐鹿天下"。以南京为核心的江苏各市，算得上是汪建国的"商业根据地"。

在此摸爬滚打几十年，汪建国早已对这里的市场特点非常熟悉。虽然他不曾在公开场合提到，但凭借其一向谨慎的性格，我们有理由相信，亲力亲为的他早已摸清了南京各个区划、各大商场的基本情况，甚至早已想过了孩子王要在哪里开店。除此之外，在体制内有过近二十年工作经历的汪建国自然知道政府之于企业的重要意义。他在江苏经商也有二十年的时间，曾经担任过江苏省总商会副会长，也获得过诸如"江苏省十大杰出青年企业家""江苏优秀青年企业家"等荣誉，理顺政商关系的难度自然要小很多。

从汪建国的商业历史来看，他对规模上的"大"一直"情有独钟"，"开大店"的想法也一直萦绕在他的心头。从21世纪初的家电大卖场，到后来"集成家电"概念的提出，都说明了这一点。通过整合现有资源，为顾客提供"一站式"和"全方位"的服务，他将这一理念一直延续到了孩子王的线下门店。

2009年时，网络购物已现雏形，一向敏锐的汪建国也搭建了网络渠道。相比于网络，实体店需要投入的资金更大，回本也更为缓慢，一个不小心甚至连本带利赔进去，还背上一身债。但是他还是坚持开了这家线下门店，这与母婴用品的特点高度相关。

无论在世界上哪个国家，孩子的事情一向被家长们认为是要慎重考虑的大事，在刚刚经历过"三聚氰胺事件"的中国尤其如此。互联网发展到今天，尚且有"买家秀"和"卖家秀"的调侃，顾客以此吐槽那些商品与实物不符的情况，在当时情况尤甚。

比起不能看到实物的网络，线下"看得见、摸得着"的商品让人更加放心，这就让很多家长愿意去实体店里面购物。用汪建国自己的话来说："购买婴儿用品的顾客，注重消费体验，在网络上购物往往得不到真实体验。"在这样的理念下，他不仅决定大规模开设线下门店，还继续自己开大店的思路。

shopping mall 的"大"，不仅体现为店面规模大，还体现为商品种类齐全。孩子王的定位是 0-14 岁的儿童，甚至还有大量的商品是针对孕妇。因此，这家店铺集中了四万多种商品，基本能满足宝妈们的全部需求。当然，这里用"商品"一词似乎并不准确，孩子王不仅提供商品，同时也提供服务。自线下门店成立后，当时的诸多机构也入驻其中，包括励步英语等培训类机构。

这种规模巨大、品类齐全的 shopping mall，不仅满足了消费者们的物质需求，实现了"一站式购物"的期望；同样不可小觑的是，大店也增强了消费者的信心，满足了其心理需求。中国自古对于"大"有着强烈的认同，所谓"羊大为美"，"大"本身带有很强的积极含义。放在零售领域，一家巨大的门店先天就带有一种权威感，更容易让人相信此处售卖的商品质量有保证。对于屡屡发生信任危机的母婴行业而言，顾客信任显得尤为可贵，而大店则降低了这份信任的获取难度。

南京河西区建邺万达广场的孩子王门店的确是一个非常成功的尝试。但也必须承认，这种满足顾客"一站式购物"需求的 shopping mall 也并非孩子王的独创。早在 2007 年，谋划上市的好孩子集团就曾经表示过要建立"一站式母婴用品专卖店"的计划，彼时的汪建国还在五星电器里犹豫要走要留的问题。

好孩子集团曾经透露，自己将在 2007 年开设 25 家门店，同时在 3 年内扩张至 500 家。[1] 不过从后来的结果看，其计划并未顺畅地执行下去，反而由于实体店投入巨大而见效缓慢的特点，屡屡在市场上受挫。

然而，相比好孩子集团，孩子王的门店则是如火如荼地开了下去。这背后的原因，就与前文曾多有提及的汪建国商业"心法"有着密不可分的关系：从经营商品到经营顾客。

---

[1] 资料来源：《好孩子集团计划 3 年开 500 家专卖店》，姚润丰，《山西日报》，2007.3.7

从经营商品到经营顾客

在五星控股内部，"王永庆卖大米的故事"广为流传。王永庆出生于台湾，是后来台塑集团创办人，也因过人的经商能力而被誉为"台湾经营之神"。15 岁时王永庆向父亲借钱开了一家米店，为了和隔壁的米店竞争，他想出了送货上门的办法，这让人们很高兴，于是就决定买他家的大米。王永庆经营米店的生意也逐渐转好。

商人的嗅觉一向最为敏感，王永庆的竞争对手也有样学样，开始送米上门。这让他再度感到失去了竞争优势，于是不但要把米送到门口，还要把米送进门、搬到家里。但没过多久，竞争对手们继续有样学样，他的竞争优势又没有了。随后，王永庆决定不但要把米送到家里，还要倒入米缸才算结束。

一来二去，王永庆的米店有了一套成熟的送货流程。他详细记录了每一个顾客家里有多少人，一个月吃多少米，每次又会买多少。然后算着日子顾客的米该吃完了，就送米上门，并且倒入米缸中。如果米缸里还有些没吃完的旧米，他就先把陈米导出来，将米缸清洗干净，然后将新米放到下层而陈米置于上层。经过如此繁复的流程，顾客早已认准了王家的米店，于是生意也变得越来越好。

汪建国一向善于学习，无论是当年百思买给他造成的影响，还是诸如王永庆等人的创业故事，都给他经营孩子王不少启发，而"经营顾客"就是其中至关重要的一环。

首先，想要经营好顾客，产品的质量至关重要，尤其是在消费者普遍对母婴产品缺乏信心的大背景下。为此，孩子王将"安全"和"优质"确定为商品采购中的两大标准。汪建国深知三鹿集团等昔日的乳业巨头犯下的错误，所以在采购环节严格把关，不仅要求供货商提供齐全的质量检测证明，同时也要对每种商品进行抽检，以此确保商品的安全。

保证了"安全"，下一步就是"优质"。汪建国大手一挥，花大价钱引进了澳洲、日本、德国等地区的优质母婴食品，让孩子王的门店成为南京乃至整个江苏及其周边地区进口食品中最为齐全的门店。同时，孩子王也售卖各类益智玩具、有机棉制作的儿童服饰，以满足消费者对品质的追求。

在五星电器时，百思买就专门对彼时包括汪建国在内的高管进行过培训，甚至细致到了门店的基本布局。这一套思路也让汪建国学来了，打造舒适的购物环境就成了他的第二步。由于购买母婴产品的主力军是女性群体，门店的货架设计充分考虑了女性的身高；为了满足人们"看得见、摸得着"的购物需求，所有商品也是全开放式陈列。

同时，考虑到女性和儿童的舒适度，整个门店的温度被控制在23摄氏度左右，通风系统也保持全天开放，防止封闭空间内较大的人流量导致空气混浊，引发消费者的不适。在购买母婴用品时，父母常常会带着孩子，因而保证活泼好动的孩子们在店内的安全同样非常重要。孩子王的柜台经过精心设计，磨平了柜台的尖角，使用了大量的防撞贴，防止孩子们在玩闹时发生意外。

当然，经营商品只是汪建国布局的基础，他真正的想法是在销售商品的同时提供优质服务，让优质服务成为吸引消费者购买商品的重要力量。曾经"300万买来的教训"一直提醒着汪建国：消费者对于营业员的信任程度决定着其是否进行购物。

为此，汪建国要求孩子王的营业员们首先要改掉"销售人员"的身份，统称为"育儿师"，将自己从一个商品的销售人员转而定位为一个顾客服务人员。有了育儿师的自我定位，相应的专业素养也同时要跟上，于是汪建国继续鼓励员工们考取教育部颁发的育儿师证照，以其为顾客提供专业的指导。

在城市化的过程中，传统的大家族逐渐消解了，年轻的父母需要面临独自带小孩的情况。没有了老一辈人的指导，初为人父人母的他们感受到了很大的压力。这些专业的育儿师在消费者购买商品时全程陪同，并以自己的知识与经验给予指导，自然就收获了消费者的信任。信任有了，顾客的黏性自然也就提升了。育儿师这一身份设定也不禁让人想起了五星电器时的"家电顾问"，再度证明了五星电器和百思买在汪建国身上留下的痕迹。

当然，对于顾客的服务也不仅局限于店铺之内，孩子王同样搭建了线上平台，根据消费者所在地区、孩子年龄等要素划分为一个个区域。在这个平台上，孩子的家长们可以一起交流育儿经验，同时也有公司派出的专家坐镇，为家长们解决各种"疑难杂症"。

而想要获得从线下到线上的全套服务，就必须成为孩子王的会员，这就是其盈利的关键点——会员制。成为孩子王的会员，不仅可以享受线下和线上购买商品时的优惠，以及不定期的各类活动，真正让消费者们更加心动的是育儿专家们贴心的服务。从孕妇分娩后的健康、饮食等各类问题，到不同阶段的儿童所需，专家们都能给出切实有效的建议。2009 年尚且在实行"一胎政策"，生下第一个宝宝的家长们普遍经验不足。孩子王这一套贴心的服务，足以获得宝妈宝爸们的信任，信任有了，消费自然不会少。

孩子王的会员制一直延续至今，甚至已经成了其"立身之本"。在 2021 年上市前夕，孩子王的招股书披露了很多数据，其中证明了会员制的重要作用。以 2019 年为例，孩子王 "会员制"贡献收入占全部母婴商品销售收入的 98%，贡献 72.6 亿元的收入。

相比于此前提到的各种举措，或许孩子王的一个细节更能体现孩子王"经营顾客"的策略。在"孩子王"举办的一次"育儿沙龙"中，有一个母亲无意间提到了自己的一点感受：当打开门接收商品时，如果对面是一位男性的快递员，她虽然知道对方应该没有什么恶意，但还是觉得有些不适。对待这一次发言，汪建国的团队并没有左耳进右耳出，反而进行了深度的思考。

的确，对于一个带着孩子在家的女性来说，无论是出于自己性别上的担忧，还是出于对孩子受到伤害的恐慌，都有可能出现这位妈妈所说的面对男性售货员的不适。这并不能算是一个孤例，而是一个非常普遍的心理。于是，孩子王团队的"妈妈后援团"就产生了。

这个团队由 25 岁到 40 岁的妈妈们组成，她们不仅承担着送货的任务，同时在送货的过程中扮演着"母婴顾问"的角色，相当于把实体店里的"育儿师"送进了消费者的家里。"母婴顾问"不仅是送货员，更是消费者们的咨询师，帮助消费者解决各种各样的问题，很多妈妈甚至因此和"母婴顾问"成了朋友。这也让孩子王的顾客黏性进一步得以提升，巩固了汪建国"从经营商品到经营顾客"的战略。

从满足需求到创造需求

除了"从经营商品到经营顾客"外，汪建国还常常提及一句话："从满足需求到创造需求。"这句话乍一听有些奇怪：大多数人都不是亿万富翁可以随便花费，受限于经济条件，需求往往是固定的，又何谈创造需求呢？

或许，汪建国这句话改为"基于所需，创造需求"更为合适。他并不是想让家里既没有孕期妇女，也没有 0-14 岁儿童的人去孩子王消费，而是想让有消费需求的人在孩子王里多消费一些。当然，消费的可以是商品，也可以是服务，总之多买一些就是孩子王的成功。

比如，一个母亲本来打算去买一个婴儿车，但是后来在选购商品时又多买了一件儿童益智玩具，这就是创造需求；再比如，两个孩子的家长去孩子王里选购奶粉，本来只要买两罐，但是最后在育儿师的引导下多买了一点，甚至办了一张奶粉卡，打算长期购买，这也是创造需求。

一言以蔽之，"创造需求"包含两层含义：第一，让消费者在满足原有消费目的的前提下，多购买一些其他的产品或服务；第二，让消费者在满足原有商品消费数量的基础上，再多买一些此类商品。这就是汪建国的商业心法：从满足需求到创造需求。

在创业初期，汪建国曾带着团队进行了大量的市场调研，其中就包括与南京二十多位年轻妈妈进行座谈，了解她们平时的购物习惯。答案却令人沮丧，她们并没有专门去婴幼儿专卖店购买商品的习惯，更多是去百货商店买这些东西，甚至会从街边的个体零售商店顺手把东西带回来。

虽然汪建国笃信调研结果，但是他同样深信自己的判断：母婴用品专卖店还是大有可为。此前人们不去专卖店，是没有养成这种习惯，他想要通过优质的产品和良好的服务，将消费者的习惯培养起来，"创造需求"。同时，他的这一判断也符合了当时中国的时代背景，"随着收入增加，白领、中产阶级的崛起，中高端消费者的数量将从金字塔中部变为梨形结构，成为最庞大的消费人群。他们追求品质、关注安全"。从结果来看，汪建国的确成功实现了新需求的创造。

在店面装潢上，孩子王也做足了功夫。在门店里，不仅有售卖各类商品和服务的区域，还专门建设了供孩子玩乐的游戏区域。这看似占用了卖东西的地方，提高了门店成本，实则不然。一个孩子在游乐区里游玩，家长自然不可能不管不顾，肯定要在门店里看着孩子，以防各种意外发生。当时智能手机尚未如今天一般普及，无事可做的家长常常去卖东西的区域随便看看，这就增加了消费的可能。家长们也有可能偶然间发起一场谈话，交流各类育儿心得，那么孩子王就成功地成了家长们交流的平台。对于孩子来说，如果在游乐场中玩得尽兴，甚至还因此结交了一些"小伙伴"，那么他们也就会拉着家长多来孩子王。

虽然汪建国等孩子王骨干对此鲜有表态，但是我们还是从中看到了百思买的影子。在百思买和五星电器成立合资公司时，百思买给五星电器的店面设计就有这样一个建议：在家电大卖场里设置休息区。任何人都知道店面租金昂贵，要尽可能地利用每一块地，但是设置休息区可以让累了的购物者们稍作休息，缓解疲劳后反而可以花更多时间在店铺里逛。孩子王设置游乐区的想法与此如出一辙。

当然，除了吸引孩子们的游乐场，各类育儿经验分享会、各种亲子活动也能对家长产生很强的吸引力。2009年孩子王就提出了一个要求：每个门店每年要搞一千场活动。无论是针对孩子的游乐场，还是针对家长的各类活动，其目的都是相同的：第一，增加消费者们在门店的停留时间，只要他们能花更多时间待在门店里，自然而然就会产生更多消费行为；第二，增强对孩子王平台的认同，认同度高了，有了信任，新需求自然就创造出来了。

在一次对谈中，汪建国曾讲过一个挖井和挖坑的例子：挖坑时可能会因为涨潮等原因让坑里蓄满水，但是潮水退去水就没了；但如果挖一口井，可能出水的时间要慢一些，但最终会有源源不断的水流出来。汪建国以此来说明要有战略定力，"要聚焦到目标顾客，把目标市场做深做透，而不是说见到什么挣钱就去做什么"。这个例子来描述他创造需求的理念似乎更加贴切，比起用水坑中现有的水，打造一口深井在长远来看更加划算。

孩子王自 2009 年正式成立后，开始迅猛发展，以南京为核心，迅速在整个江苏完成了布局。2010 年，如同当年汪建国带领五星电器走出江苏一样，他再次带着孩子王向江苏以外的地区扩张。也是在这一年，孩子王获得了"2010 年中国零售创新大奖"荣誉。

这份荣誉也证明了汪建国转型的成功，从家电零售到母婴用品零售，虽然赛道发生了彻底的改变，但他依然让零售界乃至整个商业界为之侧目。孩子王从安徽一直到西南地区，再到上海，孩子王成了南方市场中当之无愧的大品牌。2012 年 8 月，孩子王获得了资本市场的认可，美国华平投资集团给了孩子王 5500 万美元的首轮投资。

2014 年，孩子王引入数字化手段，并于第二年推出了 App 商城，在互联网＋的背景下完成了重要的布局。然而，在 2014 年至 2016 年间，孩子王的经营状况却没有想象中那么顺利，而是分别出现了 0.89 亿元、1.38 亿元和 1.44 亿元的亏损。但在阵痛过后，孩子王还是在 2016 年底成功登陆新三板，2017 年也实现了扭亏为盈，净利润 0.94 亿元。

孩子王终究成"王"，而汪建国则成了背后的"零售之王"。第二次创业，毫无疑问他再一次获得了成功。

第七章

汇通达的下沉电商之路

2022 年 2 月，汇通达成功上市，成为汪建国手下继孩子王后第二家上市的公司。用十多年的时间，汪建国可以自豪地宣布：他的创业项目，在下沉市场中占有了重要的一席之地！

广阔的农村市场

有两句话汪建国常常挂在嘴边：选择比勤奋重要，方向比努力重要。

卖掉五星电器的例子佐证了他的第一句话。虽然当时他对一手创办的五星电器颇为不舍，但是理性告诉他，这是一个卖掉五星的最好时机。而事实也证明，他卖掉公司时正值发展最高峰，也是家电零售行业的最高峰。此后，家电行业逐渐降温，甚至接手五星的百思买在几年后也不得不再度以低价卖掉公司，仓皇退出中国家电市场。

而"方向比努力重要"成了他在第二次创业中的指导思想。他找了两家调研公司，试图以科学的方法对整个中国市场进行评估，并从中找到创业的良机，于是就有了专注母婴市场的"孩子王"。

2010年，孩子王刚刚起步，表现还算良好，但"第二曲线"对于汪建国还有着很深的影响。手握大量资金，汪建国再度决定打造第二增长曲线。于是他听从了调研机构的建议，将目光放在了农村地区的下沉市场，汇通达由此诞生了。

不过客观来看，相比母婴市场这个建议，专注农村市场的建议并没有让人眼前一亮。根据2010年人口普查的数据得知，城镇的人口为六亿六千五百五十七万多，占49.68%；乡村的人口为六亿七千四百一十四万多，占50.32%。除此之外，各种线下门店的创立多数集中于城市；虽然网络购物已经在此时逐渐兴起，但与农村的绝大多数百姓没什么关系。

说农村市场大有可为是一个常识，都不为过。问题也不在于农村市场是否有前景，而在于如何进入农村市场，并且逐步把这块市场上的生意做活、做大。

2010 年末，汇通达成立了。相比于其他的商业巨头，汇通达可谓是一股"清流"。

先说国美和苏宁。汪建国的老对手国美创始人黄光裕因非法经营罪、内幕交易罪、单位行贿罪，三罪并罚被处以有期徒刑 14 年，正在监狱服刑中。时任国美董事长的陈晓也是汪建国昔日的对手，此前他带着被并购的永乐进入国美。而这时陈晓正一面应对狱中黄光裕发起的董事会控制权的恶战，一面带着国美和苏宁龙争虎斗。苏宁的掌控者则是汪建国的另外一个老对手张近东。这一次"美苏争霸"的角力场依旧是一级市场，而这场争斗到 2010 年底才刚刚落幕，双方暂时偃旗息鼓。

日后声名鹊起的几个电商巨头，此时的战略重点也都不在农村。京东和当当正在角逐图书市场，手段与之前家电零售商如出一辙，即价格战。阿里也自知乡村市场的复杂，因此仍然聚焦在城市当中，针对下沉市场的淘特也还未出现。日后几乎独霸农村市场的拼多多，距离其创立还有近五年的时间。正在这时，汪建国带着汇通达一头扎进了广大的农村当中，希望从中寻得商业的增长点。

正如联合创始人徐秀贤所说的，想要把农村生意做好，只烧钱是远远不够的。其中的关键在于自家要做到四懂：懂农村、懂农民、懂农业、懂做农村的生意。

这一点汪建国也深以为然，或许这也正是他所期待的商业模式。此前他退出家电零售业，其中一个重要的原因就是盈利模式太简单，只要砸钱开店就能挣到钱。农村市场的现实条件远远比家电零售行业复杂得多，复杂意味着难以把控，但任何事情都是一体两面的。复杂的另一面就是不可替代性。一旦汪建国做成功了，其他人就难以直接复制，再有钱也没有用。

　　这时的汪建国心态已经发生了转变，正如他在此后汇通达上市仪式上的发言所说，他和联合创始人徐秀贤有三个共识："第一，农村是一个特殊的市场，我们要走一条别人没有走过的道路，必须大胆去创新，大胆去创造；第二，面对面广、量大且极度分散的市场，我们不能做增量，要盘活存量，整合和利用现有的各种资源；第三，我们要做的是一个伟大的事业，伟大事业的背后要有伟大的商业思想来支撑。"

　　从这段讲话中，我们不难看出汪建国的雄心壮志。他不仅要成为一个商人，更要成为一个商业家。这两个概念有着明显的区别：前者只要赚钱就够了，而后者则是要创造一种商业模式。如果套用在武侠小说中，此刻的汪建国不仅想要做一个精通拳法、剑法的侠士，还要成为一个创造拳法、剑法的武学大家。

　　对于农村，汪建国并不陌生。他出生于苏州却生长于金坛农村，小时候也种过地，也和当时其他农村孩子一样有过忍饥挨饿的童年。高考结束后他被分配到了江苏省商业厅，这时恰逢党的十三届四中全会决定实施改革开放，在机关工作的十年中，他多次进入到田间地头，负责农村改革的相关工作。在五星电器成立后，借着家电下乡的利好政策，汪建国同样试着将生意做到了农村。不过在这期间，有一件事却让他尤为注意。

　　在五星电器时，为了避免和国美、苏宁、永乐等家电巨头在一级市场中捉对厮杀，他曾经有过做下沉市场的尝试，甚至在常熟、江阴等地区的乡镇开了一些店铺。但是从经营效益来看，这些店都是失败的。这刺激他重新去了解自己成长的农村，这时他才发现：原来自己对于市场的了解还不够，这些外来的店铺很难得到农村消费者的认可。

　　当时的经验、教训给了汪建国不少启发。在决定创办汇通达后，从2010年下半年开始，汪建国带着徐秀贤和一众团队进入了农村市场，开始了对市场的调研。这一次的调研再度佐证了他的判断，农村的消费者们有着和城市不一样的消费习惯：第一，习惯在熟人那里购物，尤其是大件商品；第二，希望在购买时讨价还价；第三，希望在买了东西后立刻就能使用；第四，需要安装、维修等服务。

在调研过程中，汪建国继续保持了自己一贯的细致。他要求随行人员要衣着朴素，这样才能在穿着打扮上和农村的老百姓消除距离感。同时，在和老百姓沟通时也要注意态度，保持谦卑的姿态，让百姓愿意讲出实话，如此才能保证调研的效果。

这次调研持续了半年多的时间，他和团队一共进入上百个乡镇进行了调研。据媒体报道，他调研后得出了结论：农村 90% 以上的生产性消费、80% 以上的生活性消费来自乡镇夫妻店，这些小店根基深厚，人脉资源广泛，是农村商品流通不可或缺的独特支点和城乡资源交换的重要枢纽。

就这样，汇通达找到了自己农村生意的支点：夫妻店。

"小舢板"的生意

在调研中，汪建国等人发现了农村的生意与城市中迥然不同。相比于现代化程度较高的城市，农村更多由人情关系形成社会关系，进而建构了社会网络。正如费孝通所说，在乡土社会中，人们基于人际关系形成了一种"差序格局"，这是人们基于关系的亲疏远近而形成的人际格局。这种格局以自己为中心，随后向外延伸，如同水面上的涟漪一样一圈一圈向四周散开。

农村在很大程度上保持了这种亲疏远近的差距格局，于是形成了一个典型的熟人社会。在这样的熟人社会中，先买后用、一口价的售卖模式显得有些水土不服，大家早已经习惯了先用后买、讨价还价，乃至钱不够时进行赊账。

这种模式的基础就是人与人之间相互熟识的局面，毕竟乡村人口数量有限，大家相互熟识，一旦有某个人赖账就会在道德上落于下风，甚至成为全村或全镇人指责和排斥的对象，所以自然也不容易出现欠债不还的局面。同样也因为人们相互认识，不少店铺做自家亲朋好友生意时难免要"卖个面子"，于是就有了讨价还价的空间。

这种情况根本不可能出现在城市中。在一个几百万甚至几千万人口的城市中，人们的信任机制难以基于人际关系，大楼中的居民连邻居都不认识，何谈与便利店的老板相熟？卖家难以相信买家在拿了东西后会还，所以轻易不会赊账；买家害怕卖家坐地起价，于是就需要明码标价，双方按照早已标识好的价格完成交易。

而在农村的熟人社会中，"非熟人"就难以融入这种先天形成的信任机制中。如果将城市里的做法贸然搬到农村，很容易出现无法获取村民信任的情况，此前五星电器在村镇的经营尝试已经充分证明了这一点。

吃一堑，长一智，曾经犯过的错误促使汪建国自然不会再走老路。基于农村独特的社会环境，汇通达决定将夫妻店作为进入农村的入口。通过夫妻店，构建一套依托于农村熟人社会的"五化"体系。所谓"五化"，指的是高度本土化、习惯化、黏性化、融合化和现代化。

这些分布在广大的农村地区中，通常由夫妻共同经营，是农村商业里非常重要的环节，承担起了村民日常生活用品的购买需求。这些夫妻一般是本地人，将自己的家改成了店铺，生意和生活融为一体，以"前店后家"的面貌呈现出来。他们也自然是熟人社会中的一部分，和邻里间相互认识，由此才能顺利地做生意。

自 2010 年末成立后，汇通达开始了在农村市场上的初步探索，成了电器供货商和零售商之间的经销商。而从 2011 年起，汇通达转变了经营策略，看中了这些夫妻店，希望通过这些店铺进军村镇市场。于是，汇通达力邀他们"入伙"，最初入伙的筹码也很简单：只要你来，我就帮你解决"买"的问题。

所谓"买"的问题，其实也就是供应链的问题。虽然夫妻店在乡镇中能完美地融入当地的社会关系中，并由此在熟人社会中做生意。但是相对于上游的供货商，其仍旧处于相对劣势的地位。首先，从生产厂商到代理商，再到经销商，每向下传导一层就会加剧夫妻店进货时的成本；其次，夫妻店规模较小，且相互之间没有太多的联系，因此相对于上游缺乏议价能力，因而处于弱势地位；最后，小规模的店铺注定了它们的商品种类也会受到限制，有时并不能满足乡镇消费者的需求。

基于这种情况，汇通达凭借自身的优势一面对乡镇夫妻店进行整合，一面和上游供货商进行谈判，力争降低进货成本。在 2012 年，一向谨慎的汪建国并没有将步子迈得太大，而是聚焦在了家电产品。他与徐秀贤在家电领域打拼了近二十年的时间，深谙各种情况；而且又是在南京"本土作战"，他们与供货商建立的良好关系同样可以有很大的助力。

最终的结果当然让所有人都满意：供货商卖得更多了，夫妻店进货更便宜了，汇通达也以实际行动证明了自己能够帮助夫妻店降低经营成本。就此，汇通达成功获得了夫妻店的信任，进入到了乡镇市场中。

2013年，汇通达开始推出会员制，邀请夫妻店成为自己的会员，而他们则在供应链的一端解决进货的问题，而且不收取任何会员费用。已经尝到甜头的夫妻店自无不允之理，于是纷纷加入会员，由此形成了汇通达最初的商业模式"B2B2C"。

简单来说，这个模式就是汇通达负责和供货商（第一个B）进行谈判，为夫妻店（第二个B）争取优质的产品和优惠的价格，最终再由店铺卖给乡镇的消费者（C）。随着汇通达的探索不断深入，"B2B2C"模式也逐步向"S2B2C"的模式转型升级。在这个过程中，夫妻店（B）和消费者（C）没有变化，而S则是由汇通达整合后的供应链，进一步解决了"买难"的问题。

需要说明的是，会员店的管理颇为松散，不像早年间五星电器的卖场或孩子王，以连锁店的方式经营。这些夫妻店虽然都加入到了汇通达的会员体系，但是却并没有标准的价格和售卖的流程，标价多少、如何议价、最终价格多少，这些问题汇通达一概不管，全部由店铺自己决定。因此，有媒体用"连而不锁"描述这些会员店的状态。

从后来的结果来看，汇通达以夫妻店为基点，用独特的会员体系打开乡镇地区广阔的下沉市场，这种模式显然获得了成功。联合创始人徐秀贤也自豪地将这些夫妻店比喻为小舢板，在乡镇这片土地上，"巨轮易搁浅，小舢板反而能乘风破浪"。

政策利好也给汇通达很大的帮助。农村地区一直是中国政府关注的重点，各种有利于农民生存发展的政策也不断出台。2012年，受到"家电下乡""以旧换新"等政策的影响，乡镇人民对家电的购物需求也有所提高，这直接刺激了对家电类产品的消费。不得不说，汇通达这一步棋可谓是尽得天时地利人和：利好政策是"天时"；乡镇地区广阔而缺少竞争的市场环境是"地利"；"人和"则是将夫妻店作为进入乡镇市场的入口，于是成功融入了这个熟人社会中。

"5+赋能"战略

此前曾经提到过，汪建国对"大规模"有着"执念"：在五星电器时做"大卖场"，在孩子王时做"一站式"的大店。但在经营汇通达时，他的着眼点则变成了小店。其实无论规模大还是小，其背后都是汪建国和他的团队根据市场条件做出来的决策。

之所以要将家电精品市场改为大卖场，主要是看中了城市居民收入水平提升，对于生活质量的追求也随之提高，家电已经不再是奢侈品，而是普通家庭可以配置齐全、大量购入的家庭必需品。之所以要用大店的模式经营孩子王，是因为当时人们看重母婴用品的质量，愿意在这方面花钱，而且希望一站式满足消费需求；同时人们收入水平也进一步提升，能够支持这些花费。所以，其实并非汪建国对大店情有独钟，店铺的规模更多是由市场条件所决定的，做汇通达他才会决定将规模较小的夫妻店作为进军乡镇市场的合作伙伴。

一个个夫妻店如同一个个小舢板，在汇通达的引领下商海冲浪，百舸争流，浪遏飞舟。汇通达这艘未来的商业巨轮也就此扬帆起航。

蓝海对于商人的吸引力不亚于酒鬼见好酒，老饕闻肉香。几年后，城市电商纷纷盯上了乡镇市场这块肥肉，于是开始布局下沉市场。2014年被称为"农村电商元年"，曾经执迷于城市市场的商业大佬们开始"上山下乡"，做起了乡镇的生意。

马云带领的阿里巴巴在当年的10月公布了"千县万村"计划，通过村淘合伙人，在乡镇地区构建出一整套服务体系。另一个电商大佬刘强东也不甘示弱，在 2014 年底提出了 3F 农村电商战略，即工业品进农村战略（Factory to Country)、农村金融战略（Finance to Country）和生鲜电商战略（Farm to Table)。京东为此招募了大量的推广人员，开始进行下沉市场的布局。日后下沉市场中的绝对王者拼多多，马上就要成立了。

虽说强龙不压地头蛇，但是城市的商业龙头们和夫妻店抢市场，自然会给夫妻店带来巨大的压力，何况小规模的夫妻店还算不上真正的"地头蛇"。夫妻店的生意每况愈下，除了他们自己着急外，汇通达也非常着急。此时的汇通达已经初具一定的规模，在江苏、安徽、浙江、江西、河南、山东等地发展了近七千家会员店，会员店的单店年销售额能达到 400 万元。在这种情况下，已经初步摸索出一定发展经验的汇通达开始了第二次重要的变革：实施"5+ 赋能"战略。

所谓"5+ 赋能"战略，具体来说就是"商品 +"（整合上游供应链商品）、"工具 +"（利用互联网等技术提高管理效率）、"金融 +"（提供金融服务）、"社群 +"（进行粉丝社群运营）和"活动 +"（制定各类营销活动）。用徐秀贤的话说，"5+ 赋能"战略实际上就是"从商品、工具、金融、活动、社群 5 个方面，为会员店进行赋能。现在看，这就是国家后来提出的'互联网 + 实体经济'的具体做法。"

"商品 +"是汇通达早在 2012 年就在做的事情，并建立了以家电为主的商品供应链体系。此时旧事重提，自然不是为了重复几年前已经做过的事情，因为"空谈"一向不是汪建国的风格。在原有的基础上，汇通达首先扩大了会员店中商品的种类，从家电扩展到农资、家居、建材、酒水等多个品类，最终确定了家电、消费电子、农资、交通出行、建材和酒水六大领域。

其次，汇通达继续整合上游供应链体系，深化"S2B2C"模式，解决夫妻店的"买难"问题。一方面，汇通达根据扩大后的商品种类和上游供货商进行谈判，为会员店提供物美价廉的商品；另一方面，根据下游店铺的需求，为其精准提供所需的商品。2020 年，会员店反映消费者对于尿素有着较大的需求。于是汇通达与瑞星合作，以"集单反采"的形式将万吨尿素运送到了消费者的手里。

所谓"集单反采"，指的是集中下游消费者的购物需求，然后向上游的供货商进行反馈，精准采购相应的物品以满足消费者的需求。这种形式既降低了中间环节的成本，又能保证所有货都能找到买家，不会出现商品因无法卖出而大量剩余的情况。在农村地区，运输成本更大，且尿素这类农资产品由于重量等原因相较于其他产品更难运输，所以"集单反采"的方式也能大幅降低运输成本。

相较于城市电商如同飞地一般进入农村，本乡本土生长的夫妻店是汇通达的经营优势，于是这也有了最初的"活动 +"的构想。由夫妻店组织，举办了一场场活动，实现了引流的目的。活动既不需要多烦琐，更不需要多"高端"，把乡镇地区的老百姓喜闻乐见的活动拿出来一组织就足够了。

比如，汇通达曾经让会员店在当地举办广场舞大赛，活动金额不过一千来块，但是人们的兴致却非常高涨。本来广场舞就是日常休闲的活动，在哪里跳不是跳，有人组织起来还会更有意思。相应的，日常需要买的东西在哪里都要买，举办广场舞活动的会员店让老百姓玩开心了，自然对店铺有了好感，产生下一步的消费行为也在情理之中。据媒体报道，这种广场舞大赛能够起到很好的引流效果，一场就能导流数百人，所以一次活动下来销售额甚至都能超过八十万。

当然，"活动 +"中还不乏更加"简单粗暴"的活动。2014 年底"双十二"，汇通达发了大量的红包，额度达到 50 元。这当然不是一个小数目，而且没有什么烦琐的使用规则，微信红包也不会让你通过转发拉人等方式才能体现。50 块钱的红包，抢到就能在店里用，就问你心动不心动？

最后的结果当然如汇通达所愿，这些 50 块的红包远胜于几百几千万的广告费，让会员店获得了知名度和美誉度的双丰收。由此能看出汪建国从五星电器时期到二次创业时期的转变——在前一个阶段，汪建国非常注重广告的营销，当时为了宣传"价格盆地在五星"，不惜花费大量资金在报纸上连篇累牍地做广告，硬广软广齐上阵，和苏宁在广告上打起了"擂台"。而在二次创业时，汪建国省去了这些不必要的广告资金，孩子王和汇通达都是如此，转而将钱花到更有意义的地方去。

　　无论是继续整合供应链系统，还是推出各种活动，这些举措虽然有用，但还不足以称之为"汇通达的第二次变革"，充其量只是"小修小补"。互联网才是真正引领这次变革的关键。

数字化之路

如果说近十几年中商业领域最重要的变量，那一定非互联网莫属。无数公司因为乘着互联网的快船风生水起，当然也有一批传统企业因为不善利用互联网这个引擎而走向穷途末路。一向热爱学习、注重提升自己能力的汪建国自然属于前一种人，在他和他的团队带领下，汇通达开始了轰轰烈烈的数字化转型。

在"5+赋能"战略中，"工具+"就起到了这个作用。"工具+"的本质是利用互联网带来的各种工具手段，实现会员店的网络化、数据化、服务化和生态化。这么说可能有些抽象，但是实际操作起来却不复杂，利用互联网而产生的各种技术赋能操作都属于这个范畴。上面谈到的"活动+"中利用在微信群组，以发红包的方式吸引顾客，同样也是"工具+"的一部分。

而微信群组本身是"社群+"的范畴。随着微信的迅速普及，村镇居民也开始使用微信。相比于推出其他软件运营社群，微信有着天然的优势，消费者基本都会使用微信，且使用频率非常高，操作也比较熟练。会员店在群里隔三岔五地发布折扣信息，发送各类福利，吸引了大量的消费者，由此经营起了社群。

当然，要做"伟大的事业"，创造出新的商业模式的汪建国自然不甘于仅仅使用马化腾和张小龙的技术，汇通达要有自己的一套数字化体系。于是，汇通达智慧零售 SaaS 产品体系应运而生，其中的核心则是"超级老板 App"。

"超级老板 App"上线于 2015 年 6 月，是一款面向 B 端的管理软件，有效解决了小规模的夫妻店没有后台的问题。App 上的功能有很多，既能帮助会员店记账查账，也能盘点库存；同时还可以当作一个进货渠道，物美价廉的同时，秒杀活动也吸引了不少店家的眼球。

村镇店铺的数字化建设中存在着一个不得不面对的问题，即平均文化水平不高的店家如何能够轻松使用数字化平台。徐秀贤在采访中对解决这个问题颇有信心，他相信平台只是一个工具，而工具只要肯学，就一定能学会。他还举了个例子，当年包括他在内的很多人不会使用电脑，也不会用键盘打字，但是最后还是学会了。所以他相信只要提供好教学服务，在巨大的收益增长面前，加入会员体系的店主们一定能够学会这一套数字化系统的使用方法。

为此，汇通达一方面优化平台的建设，提高其用户友好程度，另一方面提供教学服务，一对一地教会店主。为了提升培训效果，汇通达更注重对于夫妻店中老板娘的教学，"老板一喝酒就忘了，真正在店里管事的还是老板娘"。为了增加收益，夫妻店们普遍学会了如何使用这套系统。

不仅如此，在推广数字化系统的同时，汇通达还有"额外收获"。在《刚正面》专访汪建国的那期节目中，主持人走访了汇通达的会员店。店里的老板娘在接受采访时表示，在和汇通达合作的两个多月时间里，自己"好像年轻了，心态都好了"。受限于文化水平，她此前并不太会使用信息技术，女儿来问相关的问题她也没办法回答。但经过专门人员的教学后，关于电脑、手机等各方面的话题也能和小家伙（女儿）沟通一点了。

这也是汇通达的优势所在。它并非一个连锁店的统筹者，而是一个针对会员的服务者。比起利用自身在资金、技术和人才方面的优势对乡镇会员店进行"输血"，它更看重会员店自己的"造血"能力。正所谓"授之以鱼不如授之以渔"，通过对会员店的店主进行培训，不仅通过自身对乡镇市场的了解发挥自主性和能动性，增加店铺的收益，而且掌握更多的新技术能让他们有更强的自我效能感，更好地实现自身价值，正如那个因为能够和女儿交流电脑方面的话题而激动的母亲一样。汇通达虽然没有以连锁店的标准要求自己的会员，但却同时收获了会员自主性所创造的效益，以及会员店对汇通达的用户黏性。

"工具＋"实际上是汇通达这一次变革的核心所在，数字化建设不仅促进了"活动＋"和"社群＋"的发展，同时对于最早实施的"商品＋"也有很大的帮助。乡镇夫妻店由于规模限制，既缺乏大规模的储藏仓库，也没有足够的空间陈列商品。当消费者的需求日益多元化，这种情况很容易导致因缺乏相应的产品而无法做成生意，或者因为没有足够的陈列而没有引起消费者的购物兴趣。一来二去，消费者很可能更愿意选择产品种类丰富的其他店铺，或者干脆进行网购，夫妻店的竞争力自然下降了。

但是通过线上平台的搭建，会员店一方面可以根据消费者的需求，从上游供应链购买相应的商品；另一方面，"线上＋线下"的展示方法解决了线下空间有限而陈列不足的问题，大大丰富了商品的品类。如果有消费者大量需求某种商品，这些信息进入到后台系统中，汇通达也能和对应的厂商合作，为消费者提供所需商品，这也是此前提到的"集单反采"。

相比此前提到的各种好处，"工具＋"最重要的贡献是实现了数据的汇集。数据被称作"21世纪的石油"，商业组织通过分析已有的数据，获得有效的信息，为今后的发展提供指导，这也是数据商业价值的体现。如果说石油推动了第二次工业革命的发展，那么数据则在信息革命中起着关键的作用。因此，我国在2019年的十九届四中全会明确将数据纳入生产要素范畴。

当交易与用户数据在后台汇聚，购置何种商品，什么活动能够吸引消费者，社群运营应该采用怎样的方式……这些"商品＋""活动＋"和"社群＋"的问题就迎刃而解。汇通达以此组织各类会员，通过系统化的培训，让会员店实现精准营销，成为乡镇地区的"代理人"。再通过组织各类活动、经营粉丝社群，这些会员店就有望成为乡镇熟人社会中的 KOL，即能够影响周围消费者购买意向的"意见领袖"。

除此之外，"工具＋"促进的数据收集，直接推动了"金融＋"的产生。和城市相比，乡镇地区的重要特点就是缺乏完善的信用体系，既没有芝麻信用的普及，也没有银行信用的背书，这直接影响了夫妻店的融资能力。再加之乡镇的不动产价值相比城市来说有些低，土地难以进行抵押，这些小店基本无法从银行贷到款。

但在"工具＋"的加持下，会员店在经营、采购和商品等方面的数据都能留存下来，一个店的现状能充分地展现出来，同时未来的发展潜力也能被预测。而这些数据和分析数据所得的结果，就成了放贷的依据，放不放、放多少等问题都有了判断的依据。此外，结合乡镇熟人社会的特点，汇通达还提出了四不贷：家庭不和睦、有不良嗜好、胡乱投资、在乡亲中口碑不好的都不给予放贷。上述内容全部汇总起来，就形成了汇通达独特的"授信标准"，再通过和银行等金融机构的合作，会员店的融资难度得以大幅降低。

2018 年 8 月，汇通达与阿里网商银行合作，推出了"汇商贷"项目，进驻全国 20 个省。自推广以来，这款金融产品立即受到了广大会员店的追捧，上线一周就放款破亿元。运营 20 天后，其放款额度达到了 3 亿。"金融＋"对于乡镇夫妻小店的帮助可见一斑。

打通"最后一公里"

整体来看，汇通达的发展遵循着这样一条路径：首先，汇通达将夫妻店确定为拓展乡镇市场的抓手，并随后将这些店铺组织为松散的会员。其次，在2012年通过整合供应链的方式，为会员店提供品类丰富、物美价廉的货物，解决其"买难"的问题。

2014年起，随着各大电商平台集中力量进军乡镇地区这片下沉市场，夫妻店迎来了自己的"危急存亡之秋"。在这种情况下，"卖难"成了它们需要面对的问题。于是汇通达进行了第二次变革，以"工具+"为核心，推动"商品+""活动+"和"社群+"几项战略的实施，一面继续进行供应链整合，一面着手解决"卖难"的问题。在处理"买难"和"卖难"之后，汇通达深知"打铁还需自身硬"，所以利用数据打造出独特的"授信体系"，在"金融+"战略的推动下，小规模夫妻店的融资难问题得到了很大程度的改善。

需要说明的是，"5+"战略并非局限于某时某刻，而是在不断深化的过程中。尤其是"工具+"搭建起的数字化平台，在经过大量的数据学习和算法能力的不断提升后，对会员店的助力也更上一层楼。

举例来说，有了一定的数据量积累后，汇通达的数字化系统能够通过消费者的购买记录，为某个家庭绘制出用户画像。基于顾客的消费历史，在经过算法的数据处理后，一共产生了几百个标签，通过模型建构将消费者的家庭划分为六个大类：消费型、农户型、务工型、创业型、资源型以及老人和幼儿型。有了明确的用户画像，精准地把握顾客需求也变得更加简单。

媒体报道显示，汇通达 1 年以上的会员夫妻店，营业收入同比增幅大都超过 30%。这也证明了汇通达通过自身的努力，把握住了乡镇地区的痛点，解决了夫妻店经营的难点，将乡镇地区的生意做成功了。

除了"买难""卖难"和"融资难"的问题外，乡镇市场还面临着另外一个难题：物流难。相比于城市，乡镇地区的交通条件要差很多。土地面积大，地形特征复杂，且公路的数量和质量都比城市差许多。在城市中，从外卖小哥到快递员能够骑着电车风驰电掣，将外卖或快递送到购物者的手上。但乡镇地区较差的交通条件给物流带来了难题，让这一幕城市里司空见惯的场景无法在乡镇看到。

这个问题是乡镇市场中的难题，一日不解决就要一日受到限制。为此，汇通达开展了农村微物流项目，利用平台对于乡镇当地的闲置车辆进行整合。乡镇的经营者手中往往都有运输工具，也自然会出现闲置的情况。在技术的加持之下，汇通达就可以通过这些闲置车辆完成配送，打通了农村的"最后一公里"。

其实这个方法和滴滴有很大的相似之处，滴滴通过整合闲置的汽车资源，在以城市为主的地区成了交通运输的补充。汇通达的微物流系统原理差不多，只不过是把送"人"变成了送"货"，从城市进入到了乡村。而且乡镇地区的道路情况较为复杂，还是一个典型的熟人社会，当地的经营者们既然长期在此生活，送起货来也能够驾轻就熟，避免了不认路和不认人的尴尬局面。

如果自己搭建一个物流系统，那么所花费的成本将变得非常高，尤其是在农村地区。这里人口比城市更为稀疏，人们购物的需求也不如城市那般旺盛，如果真的建起了一套物流体系，难度如何先不考虑，光是怎么回本的问题就绝对让决策者头疼。而整合闲置车辆的方式则让几方都非常满意：对于购物者来说，送货上门比自己去取方便不少，尤其是购买的产品是大件商品；对于夫妻店来说，运输问题解决了，对方买东西的概率就更大了；对于闲置车辆的车主而言，车闲着也是闲着，不如去送送货增加一些收益；对于汇通达来说，花少量的成本就能解决让电商们头痛良久的乡镇运输问题，自然非常划算；从整个社会的层面来看，整合了运输资源，能够促进社会资源的有效配置。

诸多好处相加，微物流的设想得到了各方的支持。仅以2017年为例，汇通达微物流在山东和安徽落地，并且完成了65万单的配送，效率可谓之高。

从"买难"到"卖难"，从"融资难"到"物流难"，汇通达都匠心独具地找到了对应的解决方案，而且起到了很好的效果。"最后一公里"的打通更是攻克了"如何在乡镇地区搭建物流体系"这个困扰诸多电商的难题。自2015年起，汇通达也进入了发展的快车道，2015-2017年的营收额分别是45亿元、165亿元和235亿元，发展迅猛。此时的汇通达已经覆盖19个省份，进入了一万六千多个乡镇，与九万多家乡镇夫妻店形成了合作关系。

这个亮眼的成绩随即获得了资本的注目。吸取十年前五星电器上市未成的教训，汪建国知道靠自己的一己之力创造出"伟大的事业"基本不可能。用他自己的话说："农村市场是一个复杂的市场，促进城乡繁荣，单凭一个企业、单一的资源无法在农村市场取得成功。"所以在二次创业时，他不但不排斥资本进入，反而非常鼓励。在这个时间段内，汇通达先后吸引到招商银行、中美绿色基金等机构的多轮投资。

2018年4月，中国的电商圈里出现了一个爆炸性的消息：阿里巴巴集团宣布注资45亿元，和汇通达共建农商新业态。这次投资金额巨大，投资者还是在当时一言一行都能引起市场高度关注的阿里巴巴。消息一出，人们纷纷侧目，生活在城市中的人们就此开始了解这个服务于乡镇地区的公司，而此时的汇通达已然是一个营收额马上要超过三百亿元的"庞然大物"。

到了2018年末，汇通达的农村业务已经覆盖了20个省份、一万七千多个乡镇，共计十万多个会员店。2018年，科技部发布了《2017

年中国独角兽企业发展报告》，上榜企业一共 164 家，江苏省一共 7 家。在这 7 家中，五星控股旗下的企业就占了两家，一家是此前已花费大量笔墨的孩子王，另一家就是现在说的针对乡镇市场的汇通达。[1]

[1] 资料来源：《2017 年中国独角兽企业发展报告》，科技部，2018 年 3 月 23 日

专攻"痛点"的汇通达

2017 年 10 月 18 日，中共十九大明确提出了乡村振兴战略，这是决战全面建成小康社会、全面建设社会主义现代化国家的重大历史任务，也成了新时代"三农"工作的总抓手。对于汇通达这个专攻下沉市场的公司，这一政策无疑是肯定了其所作所为的价值。

在采访中，汪建国表达了对汇通达的一些新认识："乡村振兴伟大战略的实施，打通和优化城乡资源、要素交流配置是关键；频频遇阻的农村电商'痛点'，就是我们发力的重点。"

事实上，从 2012 年汇通达开始逐渐步入正轨之后，解决"痛点"就是他们一直在做的事情。"买难""卖难""融资难"和"物流难"，针对这四个困扰乡镇夫妻店的问题，汇通达都给出了行之有效的解决方案。阿里的 CEO 张勇也不得不承认，想要做好农村市场，就要以农村的眼光看问题，但是阿里自己的成长经历已经不能让它做到这一点。在这种情况下，阿里需要找一个称职的合伙人来帮助自己丰富农村的体验和感受，而汇通达正合适。这段话既解释了为何阿里选择给汇通达投资，同时也是对汇通达以及背后汪建国团队的一种褒奖。

随着对乡镇市场的不断深入探索，汇通达又发现了"痛点"所在。农产品是乡镇地区主要产出的商品，但是常常面临着商品滞销、收购价低等各种问题。自 2012 年起，汇通达做的事情更多的是将城市的东西卖到乡镇，从家电到酒水，不一而足。但汇通达是一个服务于乡镇地区的平台，应该是一个双向道而非单行道，不仅要把城市里的各类东西送往乡镇，同时也要帮助乡镇将出产的东西送到城里。

功利一点说，当从事种植业的农民因为各种原因没办法将东西卖出好价钱，甚至当售价比人工成本还低时要让各类作物烂在地里，那么他们自然不会有多余的钱去买东西。这样，乡镇中一个个汇通达的会员店同样会受到影响，而在经过传导后，损失的还是汇通达的利益。

于是，顺着“抓住痛点”的思路，2017 年下半年起，汇通达在 50 个贫穷县开展农产品上行销售的业务。利用其网络平台推出了多款产品，包括赣南脐橙、浦江椪柑、嵊州桃形李、砀山酥梨、黄山毛峰等一批特色农产品。据媒体报道，这些售卖活动达到了良好的效果。砀山梨在一天之内销售两千多斤，赣南脐橙创造了日销量破一万斤纪录，黄山毛峰更是在几个小时内实现了原来农户一个月的销量。

值得一提的是，汇通达同样为嵊州桃形李做起了上行销售的业务。这种李子甜度高、口感好，在汇通达的助力之下，两周就销售了 5 万公斤。而这款农作物的出产地嵊州，隶属于浙江省绍兴市，正是汇通达联合创始人徐秀贤的老家。他出生在这里的农村，也在这里长大，此刻让自己创办的企业造福故乡，这也在家乡人面前极大地显示了他的自我价值，颇有些“衣锦还乡”的味道。

不光是徐秀贤，汪建国本人同样也享受着帮助农民卖产品的巨大满足感。因为曾经在农村长大，汪建国深知农民的不易，能利用汇通达的供应链和数字化系统帮助到农民，他也获得了很大的满足。

2018 年，汇通达继续坚持做农产品上行销售的业务。根据媒体报道，汇通达再次帮助了宜兴百合、漳州红柚、福建百香果、沾化冬枣等特色农产品“走出”农村，不但解决了卖不出去的问题，还让一些产品卖出了好价钱。以山东沾化冬枣为例，首批的认购量就达到了 10 万公斤，且为农户额外带来了 0.25 元 / 公斤的收益。

同样在这一年，汇通达的企业使命也进行了升级，从“让农民家庭同步享受与城市一样的商品和服务”，变为了“让农民生活得更美好”。

有报道指出，使命变化的背后，其实是汇通达从"为乡镇夫妻店升级改造提供工具赋能"向"全面经营农村资源与需求的农村商业数字化服务平台"的转变。

这其实也是汇通达真正的野心所在。无论是汪建国还是其他高层，他们从未说夫妻店就是汇通达下沉市场的终点，成立会员体系、实行"5+赋能"战略、进行数字化改造等都是最初始的举措，意在将这些小规模的夫妻店打造成进入下沉市场的入口，而整个乡镇市场才是汇通达的目标所在，也是汪建国等公司高管心里的星辰大海。

除了解决农产品的售卖难题外，汇通达还持续关注着困扰乡镇地区人民生活的其他"痛点"，并以解决此类问题作为自身的发展目标。举例来说，肥料的好坏是影响农业的关键因素，汇通达就根据土地以及作物的特点，主导推出了"汇种油"复合肥系列产品，这也是汇通达用科技助力农业发展的重要探索。

针对农村地区缺少电力的问题，2016 年底汇通达确定了光伏下乡的项目，并在第二年联合协鑫光伏创立了万户联这个新能源企业。2018年，汇通达就宣布已经在内蒙古、河北、山东等地区的三百多个县实现了光伏落地。在推广光伏发电的过程中，汇通达的会员店利用在熟人社会的优势，通过口耳相传成了项目的有力推广者。

除此之外，合理配置劳动力资源也是汇通达一直在努力的事情。城市有大量劳动力缺口，而乡镇地区有大量需要工作的优质劳动力资源，在农闲季节尤其如此。汇通达利用高效的平台，帮助这些乡镇劳动力寻找到合适的工作，并且进行了大量的就业培训。以 2018 年为例，汇通达先后在山东、安徽等多个省份超过一百个乡镇中举办了各类帮助就业的活动，就业培训就有三千五百多场，接受培训的人数超过了五万。

继"5+战略"后，汇通达又实现了"5 帮富农"：帮卖农产品、帮找工作、帮融资金、帮装光伏和帮租房地。有媒体一针见血地指出了这背后所反映出汇通达的重要贡献：几乎可以覆盖农村生活与农业生产的全部环节，成为黏结各种要素的"万能胶"。

2019 年 5 月，中共中央、国务院在《关于建立健全城乡融合发展体制机制和政策体系的意见》中明确提出，"完善农村电子商务支持政策，实现城乡生产与消费多层次对接"。这为农村地区的发展提供了指导意见。也是在这一年，汇通达开始了第三次战略升级，用徐秀贤自己的话说，这一次他们要专注于两件事情："一手抓产业互联网，推动供给侧降本增效；另一手抓数字化的智能零售，推动农村需求端的提质增效和消费升级。"

2022 年 2 月，汇通达成功上市，成为汪建国手下继孩子王后第二家上市的公司。用十多年的时间，汪建国可以自豪地宣布：他的创业项目，在下沉市场中占有了重要的一席之地！

第八章

二次创业的汪建国

　　无论是行业人士讲效益，还是外部人士看热闹，大家不约而同地关注着汪建国这个创业老兵。自他一头扎进商海以来，总是能够让人眼前一亮。那这一次，他又会有怎样的表现呢？

创业者的自我修养

如果说将江苏省五交化改制为五星电器这个民营企业是汪建国的第一次创业，那么创办孩子王则是汪建国的第二次创业。改制五星电器虽然是汪建国一手操办，甚至五交化的发展也离不开汪建国，但这些工作终究是在一定的基础上完成的。而创办孩子王则不一样，这是一个完完全全的新生事物。从决定要进入母婴赛道，到开设一站式服务的大店，再到提出"经营顾客"和"创造需求"两大方针，都是汪建国一力推动的。随着孩子王的成功，汪建国成了资深零售商，也成了成功创业者。

相比五星电器铺天盖地的广告，孩子王的打法则明显不同。比起知名度，孩子王更注重美誉度，因为家家都需要冰箱、彩电、空调等各类家电，而需要母婴用品的家庭数量则要小很多，毕竟任何人不能让一个家中没有 0-14 岁儿童与孕期女性的人跑来购物。孩子王的客户群体非常精准，于是汪建国就将这一笔不菲的广告费投入到服务顾客中。

当然，汪建国也逐渐领悟到，作为一个成功的创业者，他本身自带着不菲的价值。广告价值是一方面，公众的注意力资源、市场的认可程度、投资人的合作意向等，这些十分重要的领域都是他个人价值可以发挥作用的地方。

这并不是多么难以想象的事情，早期的创业者或多或少都走了这条路。罗永浩是当之无愧的直播带货顶流，靠着自己在网络上的一番表现直接还清了 6 个亿的债务；张朝阳开始直播物理课，而他曾经在电视上唱的那首略有跑调的《亲爱的这不是爱情》，还在各类视频网站上被观看和转发；早年的俞敏洪大谈自己大学要读800本书的雄心壮志，成为当之无愧的励志导师，此刻他也利用自己的影响力做着直播带货的业务；曾与汪建国有过接触的董明珠和王健林也是如此，董明珠省下来了聘请明星所需要的巨额广告费，自己做起了自家品牌的代言人；王健林"小目标"的段子在网络上流传了很久。

汪建国显然也意识到了这一点，因此他需要适应自己创业者的身份，习惯"抛头露脸"的生活。他开始逐渐适应在公开场合参加各类活动、发表各种讲话的生活，关于他的报道也逐渐增多。这既和互联网，尤其是自媒体的兴盛有关，也和他本人的改变有相当大的关系。

曾经的汪建国并不十分愿意面对记者，面对镜头，面对互联网上的"芸芸众生"。但是"创业者的自我修养"告诉他：必须习惯这种生活。最终，他还是接受了这样的模式，游刃有余地面对各色人等抛出来的各色问题，努力地发掘着作为创业者的自身价值。

面对镜头的汪建国侃侃而谈，无论问题多么刁钻，他总能不卑不亢地给出自己的回答。再配上儒雅的外表、清晰的逻辑、妥帖的措辞和穿插其间的一个又一个有趣的小故事。就公众面前的表现而言，汪建国是一个非常合格的创业者。在机关工作时受李授章影响而形成的脱稿演讲习惯，此刻成了他作为创业者十分重要的禀赋。

相比五星电器时期，汪建国的境况还有一个明显的不同，那就是创办孩子王、汇通达和好享家时他已经不像原先那么缺钱。原先之所以要和百思买建立合资公司，一个直接的原因就是没能上市，他需要大量的资金去解决门店扩张带来的一系列问题。也是那时他明白了一个道理：连锁卖场发展到一定程度，就是资本为王，先有资本后，才有扩张。

不过此时的汪建国早已今非昔比，卖出五星电器后他获得了大量资金，虽然缺钱是每个创业者都会有的问题，但他已不似当初那般窘迫。一个最好的例子就是，王健林答应了孩子王在万达开大店的请求，最初包括王健林在内的万达工作人员都不看好这种规模的店铺，最终能租下店面还是汪建国的"钞能力"起了作用。他承诺王健林，自己因为卖出公司有了大量资金，所以绝对不会让万达蒙受损失，这才打消了王健林的顾虑。

二次创业的汪建国当然也并非一帆风顺，生意上有得必有失，有赚必有亏，正如强势崛起的孩子王在2014至2016年连续亏损一样。除了生意上的亏损，心态上的"挫败感"最初也给汪建国不小的打击。

2009年，汪建国再创业时身边只有7个人：2个创业伙伴、2个秘书和3个司机。办公地点定在了南京维景大酒店，他在那里租了3间房，将床换成了桌子，形成了最早的办公室。而手握五星电器这个"商业帝国"时的汪建国可谓是"一呼百应"，手下员工无数。与之相比，再创业时的汪建国显得有些"势单力孤"，甚至有些凄惨。作为创业者的汪建国被迫"事必躬亲"，自己去谈每一笔生意，但此时谈下来的生意少时几十、几百万，多时也不过几千万，再也不像五星电器时期他挥挥手就是几亿元大项目。

在当年调研给出的四个创业方向中，孩子、农村百姓和有钱人都有了相应的公司，这三个方向分别对应着孩子王、汇通达和好享家。但是专注于老人市场的创业，却并未像其他创业一样顺遂汪建国的心愿。在接受《财约你》采访时，汪建国毫不讳言：针对老人市场的创业失败了。2009年开始，汪建国推出了针对高端小区老年人的健康服务。主要是通过退休医生和社区医生，组建包含各科医生、按摩师和中医的小团体，解决这些小区中老年人的看病需求。在汪建国看来，这次创业的大方向还算正确，随着中国老年人口和居民收入水平的增加，这类养老服务自然是大有市场。但是在执行中却出现了两个问题：第一也是最关键的，医保并不承认这样的养老服务，不给提供相应的报销；第二，运营的团队也不够专业，一定程度上导致了创业的失败。好在他及时止损，并未让这次失败影响整体的商业布局。

总而言之，二次创业的汪建国与此前有了很大的不同。卖掉五星电器的资金给他的创业大计提供了坚实的基础。但作为一个领域的新人，他也必须从零开始，一步步亲手打造他的商业帝国。这个过程不但需要他付出努力，还需要他有心态上的转变，比如：要亲自面对媒体，要习惯去谈一些金额不大的"小单子"，甚至去面对创业当中的失败。因为，在波谲云诡的市场环境中，一个再熟练的商业老手也无法避免暂时的受挫。而完成这些，正是汪建国的"创业者修养"所在。

打造一支创业"铁军"

如果用比喻的方法来说明汪建国第一次创业和第二次创业的不同，那么可以归结为"将军"和"元帅"的区别。

五星电器时期的汪建国是一个将军，带着一群兵马在家电零售的沙场上冲锋陷阵，攻城略地。他带着五星电器的队伍从南京起步，逐渐向四方扩张，让自己的公司从一个地方小品牌，变成了可以和国美、苏宁一较短长的全国第四。上市失利后，他主动请来了百思买这个"外援"，双方合军一处，让五星电器成为全国第三。

而第二次创业时，汪建国成了一个元帅。和过去相比，他手下不止有一支军队，除了孩子王、汇通达和好享家三支"王牌军"外，还有小军队无数，而且他同时还是一个投资人。成为元帅后，再亲自披挂上阵有些不太可能，他既没有足够的精力事必躬亲，同时也意识到公司需要培养优质的团队。于是汪建国开始坐镇后方，大事过问，小事放手，当起了一个称职的"创业元帅"。

不过，从古至今就有"三军易得，一将难求"的说法，想安居后方运筹帷幄，就必须有能够挑起大梁的将军。汪建国是幸运的，从五交化时结识的"老部下"们成功挑起了重担，成了汪建国和五星控股下的"先锋大将"。

孩子王的联合创始人徐伟宏是汪建国曾经的助理。他出生于1975年，于2001年进入五星电器，从连锁店总经理做到了浙江公司的总经理，最后成了五星电器的助理总裁。2009 年，他退出了已经发展成熟的五星电器，随汪建国一起开始了新的征程。

徐伟宏本身是一个父亲，他的亲身经历让他觉得“有了孩子才知道我们错过了一些事情，才知道自己有非常多无助的地方，比如买东西不知道买什么好，不知道学什么好”，这是当时他选择孩子王这个项目的重要原因。因为有育儿经历，徐伟宏也自然比其他人更加了解父母的难点和痛点，也更容易代入到消费者的角色中，与之共情，这对他跟随汪建国创业帮助非常大。

在接受采访时，徐伟宏将离开五星电器转而创办孩子王描述为“过去的三十多年来最正确的选择”。他认为自己能做出这个正确的选择非常幸运，“在五星电器谈的都是过去，现在孩子王谈的是未来，从谈过去到谈未来，人的状态是很不一样的”。不过换一个角度，孩子王能拥有徐伟宏也是幸运的，后来的事实说明，他毫无疑问是一个合格的“大将”，带领着公司一路过关斩将，最终成为母婴行业的龙头，并且顺利上市。

汇通达的联合创始人徐秀贤也是汪建国的老同事，资格比徐伟宏还要老。他出生于 1963 年，1983 年毕业后进入了江苏省商业厅财务物价处工作，此时的汪建国也在商业厅。1993 年，徐秀贤进入了江苏省五交化，并于 1998 年随汪建国一起推动国企改制，成为五星电器创始人之一。2009 年，徐秀贤做出了和徐伟宏一样的选择——离开五星电器，和汪建国再创业。同年年底，汇通达成立，他正是联合创始人。

徐秀贤与汪建国只差三岁，两个人的人生轨迹非常相似：小时候在农村长大，青年时赶上了高考恢复，用知识改变了命运。汪建国进入江苏省扬州商业学校，徐秀贤则是杭州商学院（浙江工商大学的前身）第一届本科生。毕业后，成绩优异的两人进入了江苏省商业厅，在周围人羡慕的目光里端上了“铁饭碗”，又在下海潮中跟随了自己爱折腾的本心，进入了江苏省五交化，后来更进一步，推动国企的改制。在五星电器卖出后，将近五十岁的两个人从头开始，再度成了创业者。

比起其他人，农村出身的徐秀贤对乡镇有着独到且深刻的理解。一方面，他知道农村和城市有着完全不一样的逻辑，因此想要在农村做生意，就得采取不一样的打法；而另一方面，他也有着与生俱来的乡土情怀，希望为自己成长的地方做些什么。这些成了他跟随汪建国创业过程中十分宝贵的资源。

正是有了徐伟宏和徐秀贤两员大将，才让汪建国可以放心地当一个运筹帷幄的元帅，也让中国有了孩子王和汇通达这两家年轻的上市公司。除了"二徐"之外，五星电器的高管们基本都选择了退出原单位，继续和汪建国创业。2009年汪建国离开五星电器后，原来的高管层只留下王健一人，因为当时他要负责帮助五星电器成功过渡。不久后，王健也选择了离开，随即投入了五星控股的怀抱。

高管们的选择也侧面证明了汪建国是一个优秀的领导者，毕竟趋利避害的本性会让人们做出符合利益的最优解。汪建国以自身的营商能力和个人魅力证明了自己就是那个"最优解"，自然而然得到了"老伙计"们的支持和追随，于是有了这支创业的"铁军"。

不过，只有将领并不能成为"军队"，更谈不上"铁军"。想要打造一支"铁军"，就必须有高素养的"士兵"，也就是高管层以下的员工们。汪建国当然不会轻视员工的重要意义，从此前提到的将孩子王大量的"员工"升级为"育儿师"就足以证明。

而在创办汇通达的过程中，他也因地制宜地拉起一支高素质的员工队伍。前文曾经提到，乡镇中的夫妻店虽然有着本乡本土的熟人优势，但是规模小且分散，因此想要做大就必须要对其加以组织。而组织这些店铺的主力就是汇通达的地推人员，他们作为公司的"正规军"，成了汇通达商业模式能够实现的重要一环。

地推人员中很多都是刚刚毕业的大学生，让这些初入职场的新人尽心尽力地和乡镇夫妻店的老板和老板娘们打交道，并不是一件容易的事情。于是汇通达在做好培训的基础上，创造了以 KPI+OKR 的考核方式：既考察会员店数量、活跃度等 KPI 指标，也考察进入了哪些店铺、店老板如何评价等 OKR，给员工以明确的考核标准和晋升途径，保证地推员能够有"票子、梯子、位子和面子"。从汇通达后续的发展来看，这支地推铁军无疑获得了成功。

好享家，又一张王牌

汪建国在接受采访时提到，五星控股旗下坐拥"三个国家级独角兽"。除孩子王和汇通达外，最后一个独角兽就是前文也有一些提及的好享家。

在二次创业前的调研中，调研团队给汪建国四个创业方向上的建议。其中，孩子和农村百姓这两个目标群体分别对应着孩子王和汇通达，针对老年人市场的创业失败了，所以没有继续。而好享家则是对应了最后一个创业方向，也就是有钱人的市场。

好享家主打消费升级，致力于帮助高端客户群体的家庭实现环境改善，为消费者提供"舒适家居"。在一次公开活动中，好享家的前任 CEO 陶永给舒适家居下了一个定义："舒适家居就是把中央空调采暖、新风、净水等形成一套解决方案，从方案的设计、安装，到售后，提供一整套的解决方案。让家更舒适、更健康。"

围绕这个核心，好享家产生了五个主营品类：冷暖系统、新风系统、净水系统、智能系统和新能源系统，这几个品类的背后则是好享家的服务目标所在：为客户的家庭提供舒适的温度、新鲜的空气、健康的水以及提高生活质量的各类智能设备。

好享家和汪建国的"旧业"五星电器有着密不可分的关系，一个是做家居，一个是卖家电，都是针对用户的家庭生活。不过，汪建国在创业前就已经下定决心，不再做只卖东西的简单商业模式，好享家就体现了这一点。卖货在其次,最重要的是为用户设计一套解决方案,将打造舒适生活的所有问题"一站式"解决。

"一站式"解决的思想背后,不难看出两个熟悉的影子。第一,五星电器时期汪建国"集成家电"的想法。他认为随着收入水平的提升,人们不会再像 20 世纪一样,买上一两件家电,而是会把需要的家电配置齐全,而这就涉及新买的家电能否和家庭原有布置相匹配的问题。基于此,汪建国搭建了几个样板房,成套地展示家电,让消费者可以近距离地去了解,从而促进其做出满意的消费选择。第二个影子则是汪建国二次创业中的孩子王,孩子王主打 shopping mall,一开就是五千平方米的大店,其中涵盖了 0-14 岁儿童所需的各种商品和服务,同样能够"一站式"解决消费者的需求。

其实,从五星电器"集成家电"到孩子王的 shopping mall,再到好享家的整体设计,背后都体现了汪建国和团队以顾客为中心的商业心法:让顾客在买东西时省时、省心,同时还放心。

好享家成立于 2009 年,早于汇通达。当年 12 月,好享家在南京市山西路军人俱乐部开了第一家门店,正式进入到大众的视野中。作为五星电器几家最重要卖场之一的山西路军人俱乐部再一次见证了汪建国的商业成绩。

起初,好享家的发展并不是突飞猛进的,可谓"不显山,不露水"。但随着市场条件的变化,好享家逐渐受到了人们的热捧。市场条件的变化主要有两个方面:第一,中产阶级的不断壮大,开始要求品质生活;第二,环境污染的加重与人们健康生活意识的不断觉醒。

2010 年,中国成为世界上第二大经济体,也正式进入了崛起的快车道。随着经济增长的则是大批的中产阶级群体的出现,他们在满足基本的生活需求后,开始追求更高层次的消费,进行消费升级。而好享家"一站式"的整体设计毫无疑问既满足了中产阶级在消费品质方面的追求,也满足了其在消费体验上省时、省心的需求。有了消费能力,也有了消费意愿,想买的同时还能买,好享家的生意自然没有做不成的道理。

随着中国经济的高速发展，各类环境问题也开始显露。大城市中的雾霾、水质量的下降，都引起了人们的担心。此时人们对于生命健康的认识相比以前已经有了质的飞跃，健康威胁成为亟须解决的问题。而好享家主打的新鲜的空气和健康的水，无疑是顺应了这种需求。国家当然也意识到了这一点，于是出台了鼓励环境保护的相关政策，好享家由此在政策上也获得了优势。

正是基于市场条件的变化，好享家天时地利人和兼备，正如陶永所说："舒适家居已经赶上了非常好的时代。从原来小众的需求，变成了现在的刚性需求。"于是好享家也得以迅速发展，随即得到了资本市场的关注和肯定。

2015 年 12 月，成立 6 年后，好享家获得德同资本 3000 万人民币的 A 轮融资；2016 年 8 月，其再次获得方正和生投资、富坤投资、弘章资本 1.2 亿人民币的 B 轮融资；2017 年 4 月，一条重磅消息引发了资本圈的集体关注：好享家再度获得了 8 亿人民币的战略投资，投资方是专注于绿色投资、在业内颇负盛名的中美绿色基金。

值得一提的是，就在 2017 年年末，中美绿色基金也给汪建国创办的另一家公司汇通达，进行了 5 亿元人民币的战略投资。在这一年，中美绿色资金与五星控股两次"联姻"，其 CEO 白波也与汪建国多次一起在公开场合出现，面对社会大众。这毫无疑问表示了 CEO 白波对汪建国的肯定，毕竟没有一家投资机构的投资人会把钱投给一个指定要赔的项目。

在采访中，陶永的话侧面印证了这些投资人的聪明之处，"中产阶级正在迅速崛起，从 2016 年的 2 亿人到 2020 年的 6 亿人，消费需求持续旺盛"，这些市场需求也成了好享家可以迅速发展的关键。在 2019 年发布的《2018 年中国独角兽企业发展报告》中，好享家以 10.2 亿美元的估值进入了独角兽企业的榜单，成了舒适智能家居行业第一个全国独角兽企业，也成功坐实了汪建国"独角兽之王"的称号。

虽然好享家没有像孩子王和汇通达那样成功上市，但绝对可以算是汪建国手中的另一个王牌。人们对于消费升级的追求不会停止，对于健康生活的追求同样会继续，这就是支撑好享家能够持续不断发展的重要动力所在。

2022年开年，好享家接连获得了江苏省"赋能专精特新企明星""江苏家电诚信经营商家"和玄武区践行"争当表率、争做示范、走在前列"先进集体的荣誉。比起汪建国与五星控股旗下的各个公司获得的奖项，这三个荣誉并没有多大的轰动性，但却预示着一点：好享家未来可期。

"两栖生存"的法门

在二次创业时，汪建国不仅是一个成功的创业者，同时也是一个在投资领域有自己一席之地的人，称其为"投资大佬"也不为过。用他自己的话说："产业与资本就像两栖动物一样，岸上要奔跑，下水能游泳"。他也接受了这种"两栖生存"的方式，虽然这具有很大的挑战性。

汪建国在投资领域的探索其实从刚刚退出五星电器时就开始了。2010 年左右，中国的投资行业正在如火如荼地发展，一群高净值人群成了投资人，也通过资产配置实现了财富的保值升值。卖掉公司的汪建国手握大量的资金，当时他尚未考虑好要不要二次创业，这些钱自然不能存在银行户头上吃利息，而需要有个更好的去处。于是，汪建国开始转型为一个投资人。

2010 年，他和虞锋、马云等长江商学院的同学开展合作，创立了一个投资机构。机构各取虞锋和马云名字中的一个字，命名为"云锋基金"。汪建国这个名字也逐渐被各路投资圈里的大佬所熟知，毕竟曾经的五星电器实在是太强了。

"云锋基金"主做三大板块：新能源、高科技和消费领域的新模式。汪建国在零售业的池子里泡了十几年，且带着五星电器闯入了全国前三。他凭着这些足够有说服力的履历开始主要负责消费领域的新模式这一投资板块。

汪建国和虞锋的投资风格也有一些差异。虞锋的表现更像是人们印象中的投资者的形象，公司控制权可以不要，只要最后投资赚了钱就行。汪建国则有所不同，他虽然十分肯定虞锋在投资方面的能力与成就，但他在投资实业项目时要求控股。有媒体认为这既是一向谨慎的汪建国为了"踏实"所做的选择，又是他实业情结的体现。

在这些背后，还有一个重要的原因，与他做投资的初心有关。在离开五星电器时，汪建国就决心要改变自己的工作方法："我的任务在于找项目、建团队，制定一个好的机制，让年轻人冲锋陷阵。我给他们舞台，给他们机会，帮助他们成功，这是我的愿望。"正像此前所说，二次创业时代的他更想当一位元帅，而非披挂上阵的先锋大将。

于是，做投资的汪建国产生了这样一个初心：希望自己能成为项目孵化器，为更多有创业激情的年轻人投资、建立平台，帮助他们成功。在家电零售业中的十年拼杀让他自信对于零售业有着自己独到的理解，有能力为年轻人做些什么。

一个故事足以说明他的想法：有一个小孩随父母一同逛街，正好路过一家卖糖果的商店。父母一向家教严格，没有答应孩子想买糖果的请求。老板看不下去了，让孩子自己抓一把糖果。但是那个孩子既不伸手，也不离开，就是在那里站着。最后老板没办法，自己抓了一把糖果给孩子。事后孩子的父母十分好奇，问他为什么不去抓一把。孩子的回复却出乎人的意料："因为老板的手比我大。"

坦率来说，这个故事里的孩子实在是不讨喜，已经不是小聪明的程度，而是十分地狡猾。但这并不妨碍故事本身能够说明的问题，对于年轻的创业者们，汪建国就是那只大手。他凭借自己多年打拼的经验，让年轻人在波谲云诡的市场中获得多一些"糖果"。

其实这背后也是汪建国对投资人与创业者关系理解的体现。在和华平投资的魏臻对谈时，汪建国对魏臻有着这样一条评价："这也体现了华平投资的不一样，它不是投完就结束了，投完后和他交流的更多。"企业家出身的汪建国并不想当一个只出钱的"局外人"，而是想成为一个新公司从成立到发展壮大的参与者乃至领导者，这种心理一直指导着他的投资行为。

汪建国对自己认真做的领域一直有着惊人的专注力，"要挖井而不是挖坑"这个比喻将他的想法体现得淋漓尽致，投资领域也不例外。创立"云锋基金"只是一个开始，后来还以 LP 的角色投资了多家一线机构，包括鼎晖投资、嘉御基金、红杉资本等，成了其中一些机构的投决会成员和专家顾问委员会成员。

2017 年，汪建国干脆自己成立了一个产业资本平台——星纳赫资本。其主张"消费筑基，科技引领"，注重"消费＋科技"投资，投资方向集中于大消费、新能源和产业互联网等领域，但也并不局限于此。仅官网显示，星纳赫资本的直投项目就有 28 个，其中不乏飞鹤、江小白、巨子生物、中创新航、极兔物流等知名品牌，目前管理规模早已超过百亿。

2020 年 7 月，星纳赫资本与华平投资、腾讯投资和华兴资本一起完成了对专业化妆品连锁零售品牌妍丽的控股型收购。由于收购对象在行业中排名第二，这次资本行动迅速引起了投资圈的关注，星纳赫资本也被更多人所熟知。

企业家出身的汪建国对于公司寻找投资有着自己的理解。在他看来，企业找资本市场，不要简单看钱，更重要的还得看品质。寻找投资并不是简单找钱，应该包括以钱为核心的概念，包括价值。而资本和资金的区别就是：资本不仅仅是钱，资本是给企业带来价值。而为企业带来价值，就是他作为一个投资者需要做的事情。

事实上，在投资与产业两条赛道上齐头并进的汪建国并没有出现两手打架的情况，反而做到了优势互补。从星纳赫资本的投资结构来看，汪建国更愿意在自己熟悉的赛道上进行投资。

举例来说，星纳赫资本投资矩阵中的贝瞳眼科、哆猫猫和小象皮尼等都是专注于儿童领域。贝瞳眼科是专注于 3 至 18 岁儿童和青少年眼健康和近视防控的连锁品牌；哆猫猫主做儿童营养零食，目标人群是 6 个月至 14 岁的儿童；小象皮尼则是主打 3 至 6 岁少儿的体能教育。

在投资领域方面，汪建国其实吃过一些亏。他曾经也投资了一些房地产项目，但是结果却不好。虽然最终及时止损，但那显然不是一次成功的投资。那次经历和汪建国小心谨慎的性格让他意识到，市场很大也很复杂，投资项目最好不要偏离熟知的赛道太远，否则容易吃亏。

在和魏臻对谈时，汪建国讲述过自己对"打通产业与投资"的理解："首先思维方式要升维，你只有产业维度做不好投资，仅仅有投资的视角，不能扑下去也做不好产业。要升维思考，看全局、看方向、看趋势，同时又要关注、把握企业本质。也就是说，既要有升维思考，又能降维攻击。对我而言思维方式有时是互换的，做企业时想一想，资本市场会怎么看我，做投资时我想想企业家会怎么看这条赛道。"从中不难看出，汪建国已经逐渐熟悉了自己的投资人身份，同时也适应了"两栖生存"的人生模式。[1]

---

[1]《独家专访 | 汪建国 VS 魏臻：孩子王 IPO 背后的秘密》，何伊凡，盒饭财经，2021.10.14

半年斩获两个 IPO

2021 年和 2022 年对于汪建国来说，是意义重大的两年，甚至说是他二次创业的里程碑。因为在这两年中，孩子王和汇通达相继上市。

2021 年 10 月 14 日，孩子王在深交所创业板上市，发行募集资金总额 6.27 亿元，发行价格 5.77 元 / 股，开盘当日总市值达到 254 亿元。这是孩子王第二次上市，此前曾于 2016 年在新三板挂牌上市，但在 2018 年退市，退市前的市值大约为一百六十七亿元。

孩子王的 IPO 成功让汪建国以 230 亿元的身家，位列 2021 年胡润百富榜第 283 名，成为南京四大富豪中的第三名。而他的老对手、苏宁创始人张近东，排在第二名。

孩子王上市的消息还在被资本圈中的各路人马津津乐道时，仅 4 个月后，汇通达也传来了上市的消息。2022 年 2 月 18 日，汇通达正式登陆港交所。上市当日起收盘后股价为 45.1 港元，涨幅达到 4.88%，总市值达到 252.68 亿港元。在当天的恒生指数下跌 1.88% 的衬托下，汇通达可谓是逆市上涨。

孩子王和汇通达双双上市的消息在当时引发了资本市场的轰动，汪建国再度成了商圈中一个炙手可热的名字。二次创业、投资大佬、独角兽之王、坐拥两家上市公司……这些头衔让他想不出名都难。

不过对于汪建国来说，上市只是水到渠成的产物罢了。毕竟在刚刚创业时，他就在接受采访时说出了一番豪言壮语："根据集团的五年规划，到 2015 年，整个集团要实现销售收入 200 亿元，通过 IPO 或收购的方式，有 1-2 家公司上市。"[1] 要是按这个指标来看，上市大计还推迟了五六年。

在这些年中，汪建国一直谋求孩子王的上市，但过程却一波三折。最初汪建国本打算让孩子王在香港上市，也是按照海外架构搭建的，但由于业务重心还是在中国内地，汪建国也认为大陆市场的投资者更明白孩子王的价值，于是最终决定在大陆上市。

就在考虑要不要在 A 股上市时，A 股 IPO 出现了两次暂停，加起来将近二十个月，孩子王的上市计划再度搁置。后来，新三板又来了，孩子王顺势登陆新三板。但缺乏流动性的特征却让孩子王在资本市场中难以如鱼得水，因此在 3 年后又退市。这一拖就到了 2021 年。

孩子王和汇通达的 IPO 可谓是实现了汪建国离开五星电器时的梦想，也弥补了此前的遗憾：十五年前的五星电器之所以要和百思买成立合资公司，就是因为他在资本市场中动作有些慢了。而这一次，他吸取了教训，让两家公司成功上市。其中，汇通达被行业称为"下沉市场零售第一股"，这"第一"二字就证明了汪建国要做行业第一的野心已然实现。

虽然已经过去了十五年，但当时五星电器没能上市的教训还是让汪建国思考了很多。在中国连锁经营协会举办的 2010 中国零售领袖峰会上，汪建国明确表示，零售企业与资本的有效结合，对零售企业的发展是有利的。作为具有专业化分工、标准化生产、规模化经营特征的连锁企业，需要追求扩张速度，提升总体规模，这就不能离开资本。

"依赖于短线融资，无论是银行的融资、还是预收客户的货款，这都不行，因为长期来看有风险。所以我个人理解，作为一个连锁企业，

---

[1]《汪建国蜕变：从企业家到投资人》，张安然，《中国企业家杂志》，2012.11.9

我们要和资本对接。"

而在实际操作中，汪建国也的确是一个善用资本的人。随着两家公司的上市，其背后的投资阵容也逐渐浮出水面，堪称十分豪华。

孩子王背后有着景林投资、华平投资、高瓴、华泰证券、中金公司、万达集团、大钲资本、腾讯投资等多家机构的身影。根据媒体报道，在IPO前，高瓴为最大外部机构股东，持股12.49%，华平投资持股6.89%，腾讯持股3%，大钲资本持股2.40%。

在诸多投资方中，华平投资有些特殊，孩子王的发展离不开它的支持。曾与汪建国对谈、并且与之结下深厚友谊的魏臻正是华平投资中国区联席总裁。在那次对谈中，两人曾经透露华平为孩子王第二次投资时所做出的艰难决定。

2012年，华平投资就已经投注资金，成了孩子王A轮融资中唯一的投资人。但2014年春节前，孩子王重要的合作方万达突然宣布要建设自营品牌宝贝王。这个重磅消息让汪建国"春节都没过好"，也同时让华平投资不得不思考后续到底该投谁的问题。

据魏臻介绍，早在2009年时，华平就注意到了母婴市场这个良好的赛道。无论是计划生育政策让独生子女成了孩子的"掌中宝"，还是"三聚氰胺事件"的后续影响，都注定这个市场大有可为。但是在经过缜密的调研后，他们一家也没有投，用他自己的话说："我把当时的公司分成两大类，一类是品牌，主要问题是深度远远不够，就是有一个商标，销售模式深度依赖经销商，并不一定很了解最终客户，离客户很远。另一类是零售商，主要的问题是大量采用街边小店模式，心态是卖货，而不是去服务客户。"

直到看见了汪建国的孩子王，华平寻找合作者的"煎熬"才终于结束，这也促成了对孩子王的投资。但在万达宣布要建立宝贝王的品牌后，包括魏臻在内的华平高层不可避免地陷入纠结中，毕竟将一个亿作为"小目标"的王健林带着与生俱来的说服力。但在一番纠结后，华平投资中的高层经过严谨的判断，得出了结论："万达来拷贝其实也是对孩子王的一个背书，毕竟万达的主业是做购物中心，而孩子王的主业是开店，是经营商品和服务客户，最终大家还是会回归，专心做自己的主业"。所以，华平最终做出了继续给孩子王投资的决定，并且继续加码，在其 B 轮融资中增加投资 2800 万美元。

华平这个正确的决定在日后获得了丰厚的回报，而汪建国也度过了孩子王创立以来的一次严重的危机。由此可见，二次创业的汪建国，逐渐适应了资本市场的打法，巧用资本、善用资本，进而为自己的目标服务。

和孩子王一样，汇通达上市的背后也有着资本力量的大力扶持。在 IPO 前，汇通达共经历了 9 轮融资，其中包括阿里巴巴、国投创益、国调基金、顺为资本等众多业内知名机构。媒体引证的相关数据显示，在 2010 年 1 月至 2021 年 5 月期间，汇通达先后获得了景林投资、中金公司、五星控股、毅达资本、顺为资本、新天域资本、华兴新经济基金、华泰紫金、远创投资、华泰证券、宇辉天欣投资、沿海资本、华夏保险、招银股权投资、绿动资本、盛景嘉成、阿里巴巴、央企扶贫、国调基金、国投创益的资本支持。

在第二次创业中，汪建国汲取此前的教训，改变了对资本的"孩子长大再嫁人"的态度，而将自己和资本的配合当作"谈恋爱"来对待，前期好好磨合，时机一到，立刻"成婚"。也正是如此，仅仅间隔了几个月，汪建国就实现了两家公司的上市。

但必须看到的是，虽然公司上市标志着他的创业大计迈出了重要的一步，但仍有一系列问题需要解决。从 2020 年开始，孩子王的营收和净利增长都在放缓，在招股书中，孩子王也毫不讳言自己面临"行业进入门槛较低、市场集中度不高、行业竞争不规范和人力成本和租金成本持续上涨"等各类挑战。在上市第二日，孩子王的总市值已经从 254 亿元缩水至 217.9 亿元，中间的 36 亿元说明资本市场对孩子王的态度并没有那么理想。

汇通达也面临着自己的问题，其核心收入来源的交易业务毛利率低，其中高毛利率家电品牌营收占比减少，而一些诸如农业生产资料等毛利率低的商品占比增加。有媒体对比了一个数据：2018 至 2021 年前三季度，汇通达的毛利率已经由 3.4% 降至 2.6%，而拼多多 2020 年的毛利率高达 67.59%。

这也给汇通达带来了不少烦恼，从数据来看，2018 到 2021 年，汇通达的归母净利润分别为 −2.96 亿元、−4.15 亿元、−4.05 亿元、−3.50 亿元。在 2022 年，其能否打一个漂亮的翻身仗，这关乎年初上市的汇通达能走多远、走多快的问题。

无论是行业人士讲效益，还是外部人士看热闹，大家不约而同地关注着汪建国这个创业老兵。自他一头扎进商海以来，总是能让人眼前一亮。那这一次，他又会有怎样的表现呢？

—

第九章

汪建国的创业人生

　　保持雄心、实现野心，这是汪建国创业时最重要的驱动力，也是他得以不断成功创业的法门。而对其他创业者而言，这同样是一门必修课。比起绝地反击时的"形势比人强"，发自内心的动力总是更为可靠、更加长久。

不破不立

如果有人问，创业者最重要的是什么？我想"创新"当属第一。创业的"创"字，其中一层重要的意思就是"创新"。既然要谈创新，就必然有一个参照，也就是相较于什么有所改进乃至彻底颠覆，而这个参照正是传统的经验。如何正视曾经的经验，是一个创业者必须要面对的问题。

的确，经验是一个很好的东西。因为经验可以告诉创业者此前人们做过什么、效果怎样、有何教训等问题。"前人栽树，后人乘凉"，经验正是前辈留给后人的馈赠。汪建国当然深知这一点，一个例子是他在二次创业时的表现。

在创办孩子王时，他并非"拍脑门"做出的决策，而是在对于国内外良好的商业模式有了充分了解后才动手的。从屈臣氏到 Costco，他将其中值得借鉴的部分单独拿出来，随后放进孩子王的体系里。而汇通达在创办之初，做的就是家电方面的生意，而且直到此时也是其盈利的重要支柱。在家电零售方面，汪建国有足够的经验，这部分经验直接指导了汇通达初期的运转。

所以片面强调创新而不谈经验，显得有些过于极端。如果真是如此，那么"创业者"就成了"破坏者"，而不是批判继承，以达到创新的目的。究其原因，创新并非空中楼阁，拍着脑门就能实现，而是在已有成果的基础上更进一步。经验，就是"已有成果"。所以创新不仅要凭借胆子大，创业者也不是只有破釜沉舟的精神就足够，而是需要从经验里找到足够的依据、支持，才能去谈创新的问题。

从人生到事业，汪建国都践行了创新的原则。在人生选择上，别人固守机关时他选择去国企做生意，别人端着铁饭碗时他领着国企改制，把自己一个处级领导改成了"平头百姓"。但也正是如此，他成为周遭众人眼里的"逆行者"，同时也成了当年下海潮里一支亮眼的生力军。时至今日，所有人都必须承认，当初他这个人生选择中的创新是多么正确。

在事业中，汪建国同样是一个大胆的创新者。在众多家电零售商都在以"家电精品市场"的名头售卖产品时，汪建国把握住了人们消费能力和生活追求的变化，提出了"大卖场"的概念；在传统母婴用品店铺都在主打小规模时，汪建国亲自找王健林谈判，租下了大片的场地，开起了一站式母婴商店。从结果来看，这些当时让人们觉得非常大胆的举措在事后都取得了好的结果。这就源于汪建国认识到了"惯性思维是企业发展中最可怕的东西"，打破这些惯性后，他获得了意想不到的结果。

汪建国本人对创新的重要性极为重视，甚至将创新视作"企业生存的唯一法则"。用他的话说，一个企业要活下来，要发展，要持续增长，要实现百亿、千亿，没有其他诀窍，唯一的方法就是创新。

作为一个创业者也是一个企业家，他同样将创新视作己任："新时代的企业家，很大的任务应该是创造，要创造一些社会上没有的东西，要创造一些新的行业、新的市场，这是新时代企业家的使命。"

方向比努力重要

和汪建国有过接触的人都不会否认，他是一个勤奋的人。但比起勤奋，他更多的时候强调一句话："创业给我最大的启发就是，我们需要把握方向，不能埋头拉车，需要抬头看路，不要钻在技术层面找问题，要多从策略层面找机会。"

勤奋和努力固然是创业者的必需素质，事实上一众创业者也乐于在各种场合讲述自己的励志故事，这无疑会增加他们身上笼罩的光环。但正如汪建国所说，选择和方向要比勤奋和努力更加重要。如果没有确定方向就一通乱走，反而是南辕北辙，越努力，离目标越远。

创业方向的选择是一门大学问，既需要回答"哪里能做"的问题，也要考虑"能做哪里"的问题。"哪里能做"是问市场情况，究竟什么赛道已经被无数人青睐，成了彻底的红海；"能做哪里"是问自己的能力，凭借自己的条件究竟能做出什么，或者说，什么能做什么不能做。

对于汪建国这个浸淫商海良久的人而言，"能做哪里"的答案非常多。事后来看，从家电零售到母婴商品再到下沉市场，汪建国都能做得有声有色。那么问题的关键就在于回答第一个疑问：哪里能做？

自从得到三百万的教训后，汪建国深知调研的重要意义，他相信，专业的调研方法能弥补经验判断的不足。所以，在二次创业中，他请了两支专业团队做调研服务，确定了孩子、农村百姓、老年人和有钱人四条赛道。除了老年人赛道上的社区医疗没有做成外，汪建国在其他三个领域做得有声有色。这足以证明汪建国选对了路。

当然，方向本身包含着两个层面。第一层就是刚刚提到的，哪个方向能走。与此同时，还存在着第二层：哪个方向不能走。在五星电器时代，汪建国就面临着第二层上的方向选择问题，最典型的当数 2009 年卖掉公司时的纠结。

自 1991 年进入江苏省五交化以来，汪建国与这个公司已经共同度过了 18 个年头，中间经历了国企改制、引入百思买等一系列大事，最终把公司带进了家电零售业的行业前三名。毫不夸张地说，五星电器是他近二十年心血投注的结果。于是在卖掉公司前夕，他独自一人站在高楼上望着黄浦江，一言不发 6 个小时之久。

在百般纠结后，他还是选择卖掉了五星电器，因为他已经看出这个红海市场趋于饱和，依靠店铺扩张的办法终究不是长久之计。在五星电器卖给百思买后，没过几年，经营不善的百思买再度将其卖出。转了几趟手后，才被京东买下。而在今天，在一个人人都在谈互联网的时代里，家电零售行业早已不是昔日的风光景象。汪建国卖掉五星电器无疑是一个正确的抉择，他在知道一个方向行不通后，果断转换赛道，虽然中间非常纠结，但最终没有在一个错误的选择上越行越远。

这一套商业理念随后也被汪建国用在了投资上。他认为投资应该有"三看"：赛道（行业）、赛车（企业）和赛手（企业家）。只有赛道适合、赛车性能优良、赛手水平高超，才是一个值得投资的方向。

学习改变命运

汪建国身上总是有一股"书生气"，这并不是说他只会一味死读书，有刻板印象中读书人的那种呆板。而是说他有一种温文尔雅的气质，一种从容不迫的状态，让他在面对各种媒体问题时镇定自若，在对待各类重大选择时气定神闲。如果非要做个对比，他身上的气质和诸葛亮颇为相似。

事实上，汪建国绝对是一个好学的人，从小就是如此。小时候他赶上了"文革"动荡的十年，因为家庭"成分"的问题，没少受别人的白眼。为了证明自己不比别人差，汪建国努力学习，最后在恢复高考后把握住了机会，迎来了人生中的转机。

这种对知识的渴求精神一直伴随着他。在成为一个成功的企业家后，他依然注重学习，参加了新加坡大学、南京大学等众多学校的研习项目，努力提升自己。五星控股的副总裁王健曾经在采访中讲了这样的一幕：早些年他和汪建国一起去美国公干，因为经费问题两个人住在一个房间中。早晨醒来后，王健看见汪建国坐在床边，手中捧着一本书，正有滋有味地读着。

在二次创业后，汪建国逐渐有了一些空闲，于是他就保持每天看一小时书的习惯，至今仍是如此。正如他所说："思想是一切行动的指南，伟大事业的背后都有伟大的商业思想来支撑。"而想要形成"伟大的商业思想"，学习是一条必经之路。

当然，汪建国的学习方式不仅仅是看书，"以人为镜"，同样是一种非常重要的学习方式。在这一点上，汪建国的谦虚值得所有创业者去学习。早年间，他带着五交化成功改制，正是春风得意之时。但在和几个大学老师聊天的过程中，其中一个人告诉他，虽然有政府的红头文件同意其改制，但是这也是"合理不合法"，想要合法，就需要"到产权交易市场挂牌"。当时距离改制已经过去了三四个月的时间，汪建国赶忙补办了手续，保证了五星电器的合规性。他在采访中提到这段堪称惊险的经历时，不免有些庆幸，称为"改变命运的关键时刻"。

汪建国一直是一个十分谦虚的人，用"虚怀若谷"四个字形容恰到好处。甚至在他将近五十岁再度创业时，打电话仍然习惯以"小汪"自称。也正是这份谦虚，让他能听得进去别人的意见，不会自鸣得意以至于刚愎自用。他在分享经验时，将向其他企业家学习列为自己重要的学习途径，告诫广大创业者要将其他同行作为学习的对象，在知识的碰撞间提升自己的思维。

除此之外，在不断的学习中，汪建国也成了一个勇于面对错误并从中汲取教训的人。在诸多采访中，他毫不讳言自己曾犯下的错误：忽视调研的重要性、忽视资本的复杂性、对乡村市场认识不足……从他后续的行为来看，这些曾经的错误成了重要的养料，让他此后的创业道路变得顺畅了许多。

在二次创业时，他对选择创业领域十分重视，并请了两家调研机构进行科学的评估；孩子王和汇通达刚刚成型，他就联系各路资本，着手准备上市的问题，避免曾经想要上市但市场条件不允许的情况再度发生；在建立汇通达时，他花了大量时间进行前期准备，最终将夫妻店作为进入农村市场的抓手……汪建国从来不将自己看作"神话"，打造一个无所不能的创业者的形象，而是毫不避讳地谈自己曾经犯的失误，知耻后勇，保证下一次不在同一块石头上绊倒两次。

　　"投资是认知的变现，产业是认知的贴现，增长的极限是认知的局限"。而讲出这句话的汪建国，正在以努力学习的方式增加投资收益，扩大产业规模，同时努力突破事业的瓶颈，打破自身的边界。

顾客就是上帝

从表面上看，汪建国对于技术的态度似乎有些矛盾。一方面，他固执地坚持孩子王要保留线下的大门店，虽然也在进行数字化转型和线上运营，但门店也必须保留；另一方面，在汇通达的发展壮大过程中，他积极主张推动夫妻店转型，用数字化的手段为之赋能。

如果这么看，似乎汪建国对待技术的态度有些"暧昧不清"。但如果透过表面看本质，却能发现这其中有着不变的内核：顾客。保留线下与否、使用技术与否，这些判断归根结底其实是一个问题：技术能不能提升顾客的消费体验。技术不过是工具而已，先进的技术就是高级的工具，但是究竟要不要去使用这些工具，还得看其能否提升消费者的购物体验。

比起技术本身，汪建国更关注技术让消费者产生了什么样的变化。在他看来，数字时代的用户有着三个改变：第一，原来的用户是功能型，现在的用户是品质型；第二，原来的用户是物质型，现在的用户有了精神需求；第三，原来的用户靠高溢价，现在的用户靠心理溢价，谁掌握心智，谁就不会被淘汰。技术是表象，用户是本质，穿过表象看本质，从而认清了商业的核心，这也是汪建国的厉害之处。

于是就有了他的那句商业"箴言"：从经营商品到经营顾客。

在创办孩子王初期，他和背后的团队为了搞清妈妈们的诉求，坚持在孩子王的店铺里开起了"吐槽大会"。他希望用这种方式，让孩子王能够明白自己的顾客在想什么，由此才能提供更加优质的服务。

此前提到的"妈妈后援团"正式产生的直接原因就是一场"吐槽大会"。在一次交流中，一位妈妈谈到了自己一个人在家带孩子时，听到沉重的敲门声，在猫眼里看到了送货员是男性，就会产生本能的担忧。这个说法也引起了在场其他妈妈的共鸣，并且迅速被孩子王的负责人员注意到。于是，汪建国及其团队针对家长们这一诉求，组建了一支由 25 岁到 40 岁的妈妈们组成的队伍，叫作"妈妈后援团"。她们不仅承担着送货的任务，同时在送货的过程中扮演着"母婴顾问"的角色，帮助没有经验的顾客们解决各类"疑难杂症"。

在科技迅速发展的时代，"乱花渐欲迷人眼"，不少企业和背后的管理者都被眼花缭乱的技术手段包围。再有一些号称知名的各色人物给出一些看似权威的分析判断，企业生怕自己被时代甩掉，拼命进行技术转型升级。这些升级表面看来十分"高大上"，但实际上却忽视了商业的核心，也就是人。有时候不仅忽略了顾客，同时还忽略了员工，落得"众叛亲离"。

而在数字化的技术加持下，顾客反而变得鲜活起来，用户画像让千人呈现出千面。真正的善用技术是通过这些科技手段更好地服务顾客，如同孩子王的会员制一样，让顾客有一种"私人订制"般的体验。而一味追求"高大上"，就脱离了顾客真正的需求，不但劳民伤财，还不能让顾客满意。

汪建国对于商业本质的认识值得所有在商海中打拼的人去借鉴：无论商业怎么变化，无论技术怎么发展，商业的本质并没有改变，商业的本质就是创造顾客。

成大事靠团队

正如此前提到的，二次创业时期的汪建国相较之前有了很大的不同。如果说作为五星电器董事长的汪建国是一个将军，带着一支家电零售队伍在中国市场中浴血厮杀；那么作为五星控股董事长的汪建国则是一个元帅，手下连产业带投资，有无数支军队。正如他所说："不要老想着孤军奋战，英雄主义要肯定，但是更要肯定的是集体。"一个公司的创立，一次投资的实现，靠单打独斗自然不行。

规模大了，打法自然也会发生改变。他将企业比作一个人，一个健康的企业和一个健康的人有着相似的道理：企业要站稳脚跟，就需要找好一些靠谱的员工；头脑要灵活，就一定要具有一批有远见、富有智慧的管理者；腰杆要硬，就需要好的政策支持；筋络要通，各项制度就要顺利落实；血脉要畅，要有优良的企业文化。

在这其中，员工的培养不成问题，孩子王的育儿师和汇通达的地推员足以说明；政策支持、制度实行和企业文化不需要汪建国时时刻刻关注，只要规矩订好了，照着实施就行。主要问题其实是"头脑灵活"一项，虽然汪建国本人毫无问题，但是作为一个元帅总不能每件事情都自己去做。

如果再像五星电器时代那样事必躬亲，一则精力有限，无法兼顾，他手下那么多项目，一个个去管，就是不睡觉也管不过来。二则容易出现青黄不接，后继无人的尴尬局面。因为从前都是他定战略、定方向，少了他就等于少了主心骨。因此，培养出能堪大任、独当一面的将领势在必行。

在汪建国看来，只有具备五项能力，才能算是一个合格的"干部"：一是描绘愿景的能力；二是营造氛围的能力；三是推动行动的能力；四是应对挑战的能力；五是让结果发生的能力。为了培养出合格的管理团队，汪建国也是下了大决心。

有一次孩子王开会，徐伟宏请他前去参加。为了让团队中的管理者成为独当一面的"大将"，他下狠心说有事没办法参加。其实，孩子王在开会时，他自己就开着车，在公司楼下兜圈子。此时的他心情无比纠结，作为一个如此庞大的公司，如果一个决策做不好，造成几千万的损失十分正常。他既担心因为自己的缺席让公司蒙受损失，又知道自己一旦露面就起不到培养管理团队的效果，一时不知道如何是好。

最后他还是选择了长远利益，在这次会议里没有露面。此后汪建国也经常会有类似的举措，要不干脆放手，不去参加这些会议；要不就坐在那里一言不发，防止自己的观点影响团队成员的独立决策。从今天来看，五星控股旗下有如此多的骨干成员，与汪建国的"放手"政策有着密不可分的关系。

汪建国对团队有着两点要求，首先是要齐全。这很好理解，他希望团队里拥有五种动物：高空的鹰、镇山的虎、叼肉的狼、看家的狗、变色的龙。如此就能应对各种情况，让公司在团队的带领下游刃有余地行走在风云变幻的市场中。此外，他也非常注重调动团队的积极性。汪建国一直认为，传统中央集团式的管理方式已经落后了，未来的组织应该尽可能地去中心化、小微化和柔性化。除了管理上的高效外，如此设置也有助于调动各级员工的积极性，提升他们的能力。

在五星内部，汪建国非常鼓励人们提出各种奇思妙想。他也支持用一部分资金让这些想法有所实践，一旦成功就继续加大投资，如果失败了也能及时止损。如此做法和汪建国早年间做的事情颇为类似。在改革开放初期，全国各地各级试点正是起到了相同的作用。一些想法浮在空中很难判断其是否可行，但如果能够在小规模内开展实践，实践的结果对这些想法的评定则显得更加直观，也更有说服力，毕竟"实践是检验真理的唯一标准"。

不难看出，在打造一支合格的团队方面，汪建国可谓煞费苦心。

格局决定结局

对于一个创业者而言，外部要有天时地利人和的加持，内部"打铁还需自身硬"，要具备相应的能力，这两个因素缺一不可。市场环境风云变幻，资本、政策、社会等各种因素总会对其产生各种各样的影响，当今社会如日中天的行业，可能不久后就人走茶凉，教培行业的兴衰算是其中一个典型。一个创业者的影响能力是有限的，面对外部大环境往往也束手无策。因此，对外部变化过于心忧，倒不如勤修内功来得实在。

上面列出的几个汪建国的商业"心法"都是创业者在提升自我时必须要学习的。但除此之外，有一样内在的东西更为重要，那就是野心和雄心。如果说得直白一些，就是不服输、敢折腾的性格，"生命不止，折腾不息"，把这种破釜沉舟的勇气拿出来，创业才能真正成功。

打个比方，无论是创业能力还是组织团队，这些能力更多是"术"，而野心和雄心则是"道"。只有坚持自己的"道"，那么创业者才能提升自己的"术"，从而为其目标服务。坚持"道心"，是一个创业者最重要的素质。

毫无疑问，汪建国就是一个不甘心现状、喜欢"折腾"的人。他在青年时期，不愿接受命运的安排，希望通过知识为自己谋一条更加光明的出路。虽然两次高考失利，他依旧坚持考了第三次，最后如愿以偿。在江苏省商业厅，虽然端着众人羡慕的"铁饭碗"，但他还是坚持要去做生意。比起当官，在生意场上纵横捭阖更是他的兴趣所在。去了国企后，他仍然有些"不安分"，心思又放在了改制上。随着改革开放的深化，越来越多国企走了这条路，最后也让他下定决心，将五交化变成了五星电器。

在几年中，他将五星电器从一个南京的小品牌，发展壮大为全国仅次于国美和苏宁的家电零售巨头。2009 年，在一番纠结后他把公司卖给了百思买，告别了深耕近二十年的家电零售行业。这一年他四十九岁，马上到了知天命的年纪，但是他喜欢"折腾"的基因再度被唤起了。他不甘心做一个隐居幕后、偶尔搞搞投资的富家翁，而是再度披挂上阵，带着曾经的老伙计继续"打江山"。

十多年后，他孵化出了一众公司，并被称为"独角兽之王"。再之后就是孩子王和汇通达的上市，这个创业老兵在众人艳羡的目光里坐拥两家上市公司，手中还握着以好享家为代表的"好牌"，只等着时机成熟将其打出。

汪建国的创业故事并不足够"励志"，少有被逼到角落里揭竿而起的桥段。高考算是一次，因为如果不高考他可能就会延续此前的困顿生活。但自从进入江苏省商业厅后，他的人生里再无过多"迫不得已"的桥段。相反，比起大多数人，他生活得还算不错。

汪建国在进入江苏省五交化前，他在商业厅的工作是一个铁饭碗，进入其中就意味着"工作体面，衣食无忧"。在 20 世纪 80 年代的相亲市场中，他属于最抢手的一类人。改制国企之前，从行政级别来说他已经是处级干部，领着一个省级国企，也算是风光无限。再后来卖掉五星电器后，他手握十几个亿的资金，就算是吃利息都差不多够了一年的开销，何况再做些投资。

客观来说，在他的人生中鲜有"置之死地而后生"的桥段，更多的是自己的雄心与野心让他心有不甘，决心要做到更好。他常用"伟大"来描述自己的愿景，比如二次创业时他就表示要做出"伟大的事业"，这正是他富有雄心与野心的写照。

保持雄心、实现野心，这是汪建国创业时最重要的驱动力，也是他得以不断成功创业的法门。而对其他创业者而言，这同样是一门必修课。比起绝地反击时的"形势比人强"，发自内心的动力总是更为可靠、更加长久。

名 言 录

◎人和人之间的差别是认识的差别，企业和企业之间的差别是认知的差别。这几年，人与人之间的差别为什么越来越大？有的人很成功，有的人不成功，有的人辛辛苦苦几十年，一夜回到解放前？这是一个认知的问题，归根结底是没有学习。

◎我们讲的"坚信没有什么不可能"，不是"人有多大胆、地有多大产"，而是一定要有大的梦想、大的野心、大的格局。

◎我常说企业就像一棵树，如何让它真正成长，如果仅仅在树叶上浇水是远远不够的，必须要在树根上施肥，我很担心大家会犯这样的错误，做了很多动作，都是在树叶上浇水的事情，远离顾客，这样我们就危险了。

◎就像搭积木一样，各种形状都能搭出来，组织确实是柔性的、敏捷的，没有以用户为核心的思想，我们是应对不了新的市场、新的变化的。

◎商业的本质是创造顾客，顾客就是我们的核心。所以我们要反思，我们究竟在顾客上研究了多少、奉献了多少、互动了多少？是不是真正了解用户的痛点和问题，是不是真正解决了顾客的问题？

◎从经营产品到经营顾客，从满足需求到创造需求。

◎传统产业不要慌，不要自废武功，不要把心态搞坏了，结果导致战略走形、动作走形。

◎经验是好东西，也是坏东西，是特定背景下的产物。只有放弃才能获得更好的机会。"

◎可持续是我们任何一个企业要有核心竞争能力。是体现在商品的差异化呢？还是独特的优势呢？我们必须有自己的系统和体系。我现在担心的就是我们跑得很快，但是没有可持续、没有完整的体系、没有基础设施、没有自己的数字化，这是不可持续的。

◎在数字时代，我们在消费互联网的机会没有了，在产业互联网还有细分领域的机会。既然我们有基础，就要巩固好，既然是龙头，就要发挥龙头作用，保持领先，整合行业资源。

◎选择比勤奋重要，方向比努力重要。

◎投资是认知的变现，产业是认知的贴现，增长的极限是认知的局限。

◎尽管我们的商业模式已经在不断迭代，但是环境的变化、顾客的变化等等都要促使我们去思考优化商业模式，让我们的模式更加简单，更加高效，更加受用户喜欢。芒格说过投资就是投生意，生意就是要简单、就是要赚钱。

◎我们得自我革命，尽管这几年取得了成绩，我们必须要否定自我、挑战自我，要自我进化、自我革命，这就是新形势给我们的思考。谁革慢了，就革自己的命，谁革慢了，可能就生死存亡。

◎没有功劳的苦劳都是徒劳，把过程当结果，把文字当数字，把苦劳当功劳，这种文化，这种氛围，我们是不能的，我希望我们的企业要改变，我们要结果导向。

◎不要老想着孤军奋战，英雄主义要肯定，但是更要肯定的是集体。原来我们说激活个体，个人拿的提成越多越好，后来发现结果并不是最好，还是要小团队。这对我非常有触动，这可能是对的，企业不能太强调个人英雄主义，要协同作战。

◎五星控股就像香港的楼宇，五星系所有的企业，楼宇之间一定要独立，自动自发，但楼下地面要畅通，楼上有天桥，底下能通车，这就是五星控股的模式。

◎把企业做好就是最大的公益，把企业做好是最大的社会事业。

企业做好就是解决就业，企业做好给国家纳税就是贡献，不需要太多的光环，我希望大家都一样。

◎未来，我们还是要去干一些我们没有干过的事情，可能要去尝试一些新的事情。我讲的生长就是要长出新思想，长出新内容，小试牛刀犯不了大错误。

◎我觉得组织一定要变革，组织要裂变，组织要创新。战略再好，没有优秀的组织匹配，战略无法实施，方向再好，组织跟不上，也达不到你的目标。

◎无论商业怎么变化，商业的本质并没有改变，商业的本质就是创造顾客。围绕顾客去创造，不同商业的底层思想和底层逻辑是相通的，创业的方法和手段都是可以复用的。

◎要抓一个活的猴子，最好你找个瓶子，里面放个枣，猴子把手伸下去，抓住枣子，它就不愿意放弃了。什么叫瓶颈？这就是瓶颈。"

◎作为企业而言，既然对方投资了你就要增加透明度，如果不给投资者一个透明度，就肯定会产生隔阂。

◎从2015年开始，我们开始重新理解数字化真正目的，它不是一个管理手段。当时也有人给我搞了个"驾驶舱"，从大屏幕上能看到所有店的情况，我说这还是管理思维，真正的数字化转型要给顾客带来方便，给员工带来方便。

大 事 记

1960 年　　汪建国出生于江苏省苏州市，三岁时搬到常州治下的金坛县农村。

1977 年　　第一次参加了高考，因未达到填报学校的分数要求而落榜。

1978 年　　第二次参加高考，再度失利。但因数学成绩优秀，被当地高中看重，成为一名数学老师。

1979 年　　三度参加高考，成功考入江苏省扬州商业学校的物价价格班。

1981 年　　从江苏省扬州商业学校毕业，因其各方面表现优秀，被招到了江苏省商业厅。同年，进入"省委工作组"，参加农村体制改革，负责"江宁地区农村体制改革"的相关工作。

1986 年　　再次接到了外派的任务，赴盐城市下辖的滨海县挂职商业局副局长，分管农产品收购以及集体商业方面的工作。两年后，汪建国结束挂职，同时开始思考离开机关，去企业工作。

1991 年	得到了领导的同意，如愿从江苏省商业厅调到了国企江苏省五交化公司，担任总经理助理一职。
1998 年	在国企改革的大潮中带领着五交化改制。12 月 18 日，五交化公司更名为五星电器，汪建国本人成了新公司最大的股东。
2001 年	五星电器和苏宁电器在南京大打广告战和价格战。同年，汪建国成功让“家电大卖场”的理念在南京落地。
2004 年	五星电器南京建宁路卖场开业。汪建国在卖场中建了四套样板房，里面全都用家电装配起来，以此展示他“集成家电”的概念。
2005 年 1 月	汪建国来到北京人民大会堂，从时任全国政协副主席的阿不来提·阿不都热西提手中接过了“2004 年度中国最具成长性企业”的证书。同月，国家外汇管理局发布了《关于完善外资并购外汇管理有关问题的通知》，直接阻碍了五星电器的上市。
2005 年 2 月	在商务部公布的《2004 中国商业连锁 30 强》中，五星电器以 83.7% 的增长速度名列中国家电连锁企业首位，发展速度远远超过了中国连锁企业发展的平均值。
2006 年	由于上市计划受阻，五星电器被迫与百思买建立合资公司。5 月 11 日，百思买和五星电器达成协议，百思买以 1.8 亿美元，相当于 9.45 亿元人民币控股五星电器。

2009 年 2 月 20 日   百思买发布通告，宣布继 2006 年首次股权交易之后，其已与五星电器就剩余股份的全部转让达成协议。汪建国就此离开五星电器。不久后，汪建国产生了二次创业的打算。

2009 年 4 月   孩子王成立。同年 12 月，孩子王在南京建邺万达广场的首家旗舰店开始营业，这标志着汪建国的创业想法正式付诸实践中，同时标志着"一站式"母婴用品商店开始在中国出现。同样在当年的 12 月，好享家在南京市山西路军人俱乐部开了第一家门店，正式进入大众的视野中。

2010 年   与虞锋、马云等长江商学院的同学开展合作，创立了投资机构"云锋基金"。下半年汪建国带领徐秀贤等人调研乡镇市场。年末，汇通达成立。

2014 年   "农村电商元年"，随着各大电商进入下沉市场，乡镇地区竞争逐渐激烈。汇通达开始实施"5+ 赋能"战略。

2015 年 6 月   "超级老板 App"上线，是汇通达数字化之路上的关键一步。

2016 年年底   孩子王成功登陆新三板，并且开始扭转自 2014 年开始的亏损状态。

2017 年   星纳赫资本成立，标志着汪建国在投资领域更进一步，在产业与投资两个环境中"两栖生存"。4 月，好享家获得了中美绿色基金 8 亿元人民币的战略投资，引起了业内关注。年末，中美绿色基金又对汇通达进行了 5 亿元的战略投资。

2018 年年初	科技部发布了《2017 年中国独角兽企业发展报告》，孩子王和汇通达双双上榜。
2018 年 4 月	阿里巴巴集团宣布注资 45 亿元，和汇通达共建农商新业态，成为当时中国电商圈中的爆炸性消息。
2019 年	《2018 年中国独角兽企业发展报告》发布，好享家以 10.2 亿美元的估值进入了独角兽企业的榜单，成了舒适智能家居行业第一个全国独角兽企业。
2021 年 10 月 14 日	孩子王在深交所上市。汪建国以 230 亿元的身家，位列当年胡润百富榜第 283 名，也成了南京四大富豪中的第三名。
2022 年 2 月 18 日	汇通达正式登陆港交所。
2022 年 5 月	好享家旗下品牌"橙智云"通过了国家级售后服务认证体系的权威认证，荣获"智能家居设备销售售后服务（五星级）"认证证书；10 月，"橙智云"再次获得了合同能源管理服务领域的最高能力标准"5A 级服务认证证书"。
2022 年 7 月	江苏省工信厅公布 2022 年江苏省大数据产业发展试点示范项目名单，"汇通达基于产业大数据的农村商业数字化智能服务平台"项目入选。

2023 年 4 月 17 日	五星控股与北大荒完达山乳业签订战略合作框架协议，签约仪式在南京市孩子王总部举行，此后多款完达山乳业产品进驻孩子王门店。
2023 年 5 月 19 日	国内股权投资行业的风向标"投中 2022 年度榜"揭晓，五星控股旗下星纳赫资本被评为 2022 年度中国最佳企业直投 TOP50。
2023 年 8 月	孩子王收购友乐国际，这是国内母婴连锁史上数一数二的收购案。孩子王规模进一步扩大，成为当之无愧的行业龙头品牌。

参考文献

网文：

1.周贝贝.他50岁重新开始,10年做出3家10亿美元级独角兽企业[J].企业观察家,2020(12):32-34.

2.陈晓平,小庞.五星控股董事长汪建国 五星创业"分布式"[J].二十一世纪商业评论,2017(05):20-21.

3.丁海山."再创业之王"汪建国[J].商业观察,2015(02):27-28.

4.谭雅.前景迷茫的五星电器[J].董事会,2009(04):57-59.

5.魏薇.汪建国永远比对手多走一步[J].企业文化,2010(08):65-67.

6.赵阳.五星控股汪建国:如何从经营商品真正转向经营顾客[J].家用电器,2015(12):38-39.

7.魏薇.汪建国的蛙跳式创业[J].经理人,2010(06):36-39.

8.赵奕.只想当"第一"[J].中国企业家,2012(12):156.

9.汪建国.我最担心"全盘百思买"[J].中国企业家,2008(02):104+106.

10.苏东,邓攀.百思买脱拐[J].中国企业家,2009(05):77-80.

11.覃木,肖晓芬.百思买全资控股五星:一场耗时4年的博弈[J].消费电子商讯,2009(05):28-29.

12.杨志辉.汪建国:"国内家电连锁业充满危机"[J].中国经济周刊,2007(25):46-47.

13.曹诚龙.不愿与人攀比,但求突破自己——记五星电器总裁汪建国［J］.中小企业科技,2007(03):5-6.

14.董文胜.五星:跳过第四名［J］.当代经理人,2005(04):46-52.

15.周一.五星电器为何卖给Best Buy［J］.中国企业家,2006(14):64-66.

16.熊从辉."舍""得"之间成伟业——访五星电器总裁汪建国［J］.理财杂志,2005(07):19-21.

17.星河.对话汪建国［J］.机电信息,2006(24):25-32.

18.曹诚龙.汪建国:五星电器有五"观"［J］.中国经济周刊,2005(42):48-49.

19.刘建强.卖掉公司,去投资［J］.中国企业家,2010(Z1):77-80+76+12.

20.济川.第四名生存法则［J］.中国海关,2005(04):68-70.

21.赵子暮.孩子王:一个电器大王的"回马枪"［J］.中国商贸,2011(Z1):62-64.

22.王艺蓉.母婴童市场消费构成调查研究——以孩子王南京地区为例［J］.经济研究导刊,2021(33):79-81.

23.孩子王CEO徐伟宏:为什么我们非常排斥纯线上的订单?［J］.玩具世界,2018(04):44.

24.范鹏.孩子王:经营用户关系的新零售革命[J].销售与市场(管理版),2018(02):71-73.

25.谭播.孩子王:全国最大的母婴童主题MALL［J］.现代营销(经营版),2010(08):6-7.

26.沈天澜,胡艺.武夷山挥洒如火热情——央视广告部举办"生于60年代企业家"论坛［J］.广告大观,2004(06):116-123.

27.冯晓霞."孩子王"线下逆袭［J］.光彩,2016(09):42-43.

28.韩璐.汇通达的共富密码[J].21世纪商业评论,2022(Z1):78-79.

29.刘庆全,宁钟,蔡小锦.汇通达:农村电商新生态［J］.企业管理,2021(04):84-86.

30. 韩璐.汇通达的乡村蓝本[J].21世纪商业评论,2020(06):66-67.

31. 隋艺.汇通达的乡村振兴范本[J].21世纪商业评论,2020(Z1):86-89.

32. 钱丽娜.阿里45亿元入股的汇通达,在中国农村布了一张网[J].商学院,2018(09):89-92.

33. 赵隽杨.汇通达"乡村梦"[J].21世纪商业评论,2018(11):26-27.

34. 沈建华,陈兵,沈和,古晶.突围农村电商"最后一公里"——汇通达"五+"共享模式观察[J].江苏农村经济,2018(09):20-23.

35. 胡祥宝.汇通达:另类的农村电商[J].现代企业文化(上旬),2018(06):56-57.

36. 沈和,古晶.助力乡村振兴的"独角兽"——汇通达引领农村商业组织变革的实践与启示[J].中国发展观察,2018(08):46-49.

37. 韩璐.汇通达:农村生态"改造者"[J].21世纪商业评论,2018(01):45.

38. 文志新.汇通达:农村生态电商共享[J].首席财务官,2016(24):70-73.

39. 黄燕.[汇通达]向下走,要放手[J].中国企业家,2015(12):70-72.

40. 辛国奇.徐秀贤 拧开农村电商水龙头[J].中外管理,2015(11):110-117.

41. 乐琰.熟人经济+数字化:农村新零售的商业秘密[J].中国中小企业,2018(07):48-51.

42. 梁宵.农村电商的"大生意"怎么做?[J].中国企业家,2018(09):70-73.

43. 赵嘉.解读好享家[J].机电信息,2017(13):18-19.

44. 宋媛媛.国内智能家居第一店——好享家在宁开业[J].机电信息,2010(01):14.

45. 陶永 . 集成行业整合是大势所趋［J］. 现代家电 ,2014(21):86.

46. 郎咸平 . 国美苏宁玩转资本［J］. 资本市场 ,2013(07):58-78.

47. 王孟龙 . 国美、苏宁终结者［J］. 理财杂志 ,2008(07):73-74.

48. 张伟 .（国）美苏（宁）争霸何时休 [J]. 理财杂志 ,2008(03):18-20.

49. 彭薇 . 国美苏宁 演绎"美苏"争霸［J］. 东方企业文化 ,2008
(01):14-15.

50. 陶谦 . 中国大型家电零售企业竞争力研究［J］. 商场现代
化 ,2008(11):4-6.

51. 沈闻涧 . 百思买的五星电器赌注 [J]. 时代经贸 ,2012(06):87-88.

52. 孙红杰 . 家电顾问从百思买走向五星电器［J］. 现代家电 ,2007
(19):38-40.

53. 顾列铭 . 百思买给五星电器带来了什么？［J］. 经济导刊 ,2006
(09):48-50.

网页：

1.《这个穿草鞋、吃不上饭的穷小子，如今 4 个月 2 个 IPO！这 4
个字让他身价千亿》，夏昆，正和岛，2022.2.18，https://www.sohu.com/
a/523783205_378279

2.《国美电器借壳香港上市过程分析》，文斌，全球品牌网，
2009.2.27，https://www.globrand.com/2009/167863.shtml

3.《独家专访 | 汪建国 VS 魏臻：孩子王 IPO 背后的秘密》，何伊凡，
盒饭财经，2021.10.14，https://www.sohu.com/a/494995033_419187

4.《汪建国：治大"国"若烹小鲜（上篇）》，长江商学院，
2016.12.13，https://www.ckgsb.edu.cn/chuang/content/news_detail/270

5.《五星电器总裁王健：请辞是不同阶段的角色转换》，第一财经
日报，2013.3.22，https://www.yicai.com/news/2570330.html

6.《江苏 7 家独角兽，2 家出自他手！汪建国和他的独角兽们》，

李君宇，创客公社—江苏第一创投媒体，2018.3.27，https://www.163.com/dy/article/DDUDKA0N05119LOG.html

7.《母婴品牌孩子王上市，汪建国的"汪式哲学"》，黑皮猴，艾问人物，2021.11.2，https://www.thepaper.cn/newsDetail_forward_15175300

8.《孩子王上市暴涨 300%！"两栖动物"汪建国的进化史》，财视传媒，2021.10.15，https://www.sohu.com/a/495189749_131976

9.《回望 2008 三聚氰胺 10 年，奶业洗牌和艰难的信心重建》，赵晓娟，界面新闻，2018.5.20，https://www.sohu.com/a/232220162_313745

10.《家电连锁进场费重压供应商 卖 100 只能拿 70》，IT 时报，2011.5.23，http://www.chinadaily.com.cn/hqcj/2011-05/23/content_12560890.html

11.《家电连锁开山人物，「零售之王」，他与张近东黄光裕三足鼎立，二次创业成就三家电商独角兽》，张弘一，中国企业家杂志，2017.6.24，https://zhuanlan.zhihu.com/p/94766513

12.《孩子王上市！曾获景林、华平、高瓴等投资 创始人身价翻 433 倍》，陈美，科创板日报，2021.10.14，https://finance.sina.com.cn/stock/s/2021-10-14/doc-iktzscyx9676064.shtml

13.《汪建国：激荡四十年 不负荣光》，上海高级金融学院校友会 Alumni，上海高级金融学院 EED，2021.7.14，https://www.mbachina.com/html/saif/202107/331644.html

14.《半年斩获两个 IPO，汪建国的决策逻辑》，中国企业家杂志，长江商学院，2022.9.18，https://new.qq.com/rain/a/20220918A0449500

15.《私享 ｜ 汪建国 2021 万字演讲：究竟什么是好的商业模式？》，五星控股集团，2021.1.12

16.《汪建国蜕变：从企业家到投资人》，张安然，《中国企业家杂志》，2012.11.9，https://finance.sina.com.cn/leadership/crz/20121109/075813623907.shtml

视频：

《刚正面》第九集《汪建国的物种进化》，腾讯视频，2017

《财约你》第 58 期《"创业家"汪建国步履不停》，腾讯视频，2019

后 记

随着孩子王和汇通达的上市，汪建国再度站在了聚光灯之下——当然，他也从未远离，只是这次站在了更为中心的位置。人们赋予他各种各样的称号："独角兽之王""独角兽训练师"，其背后都是对于他在商海中一番作为的认可。

距离中国成为世界上第二大经济体已经过去了十多年的时间。期间，这片土地上涌现出了无数的商业精英，他们也创造出无数的商业故事，成为中国经济腾飞故事中有力的注脚，汪建国正是其中重要的一分子。

本书正是想通过梳理汪建国的商业经历，来回答这样一个问题：汪建国何以成为汪建国？何以成为五星电器的缔造者；孩子王、汇通达和好享家的创造者；星纳赫资本的发起者？何以成为"独角兽训练师"，又何以坐拥两家上市公司？其中究竟蕴含了什么样值得人们认真学习的商业理念？文中所涉细节繁多，或有错漏之处，烦请各位读者批评指正，也能让本书臻于完善。